# DEVOCIONAL

# CREZCA

## EN LA

# ORACIÓN

# DEVOCIONAL

# CREZCA

## EN LA

# ORACIÓN

## MIKE
## BICKLE

CASA
CREACIÓN

La mayoría de los productos de Casa Creación están disponibles a un precio con descuento en cantidades de mayoreo para promociones de ventas, ofertas especiales, levantar fondos y atender necesidades educativas. Para más información, escriba a Casa Creación, 600 Rinehart Road, Lake Mary, Florida, 32746; o llame al teléfono (407) 333-7117 en Estados Unidos.

*Devocional crezca en la oración* por Mike Bickle
Publicado por Casa Creación
Una compañía de Charisma Media
600 Rinehart Road
Lake Mary, Florida 32746
www.casacreacion.com

Traducido por: Yvette Fernández-Cortez | www.truemessage.co
Revisión de traducción: Nancy Carrera
Diseño de la portada: Justin Evans
Director de Diseño: Justin Evans

Visite la página web del autor: www.ihopkc.org
Library of Congress Control Number: 2018965542
ISBN: 978-1-62999-409-3
E-book ISBN: 978-1-62999-418-5

Porciones de este libro fueron previamente publicadas por Casa Creación en el libro *Crezca en la oración*, ISBN 978-1-62136-191-6, copyright © 2014.

**Nota de la editorial:**
Aunque el autor hizo todo lo posible por proveer teléfonos y páginas de internet correctas al momento de la publicación de este libro, ni la editorial ni el autor se responsabilizan por errores o cambios que puedan surgir luego de haberse publicado. Además, la editorial no tiene control ni asume responsabilidad alguna por páginas web y su contenido de ya sea el autor o terceros.

Impreso en los Estados Unidos de América
19 20 21 22 23 * 7 6 5 4 3 2 1

# Introducción

**D**ICHO DE MANERA muy sencilla, *orar* es "hablar con Dios". Una vida de oración consistente es lo que usted desea cultivar, porque de lo contrario, no habría escogido este devocional.

Aunque la mayoría de los creyentes está consciente de que el Señor los llama a crecer en su vida de oración, de alguna manera, otras cosas parecen estorbar el camino. La buena noticia es que el Espíritu Santo ayudará a todos los que deseamos orar con mayor efectividad. De nuestra parte, debemos pedirle que nos ayude a poner en práctica los principios bíblicos relacionados con la oración, aferrarnos al proceso incluso cuando sentimos como si no estuviera funcionando.

Cuando era joven, sabía que necesitaba crecer en oración. Leí libros sobre la oración y el avivamiento, y sabía que mi vida de oración carecía de algo. Quería experimentar las profundidades de Dios, así que me decidí a pasar una hora en oración cada noche, aun si eso me desesperaba. Me refería a esa hora de oración como la hora de la muerte porque era muy aburrida. En un par de minutos, agotaba todo sobre lo que podía pensar en orar. ¿Cómo iba a llenar los cincuenta y ocho minutos que me quedaban?

Tenía la idea de que la oración era complicada, misteriosa y difícil, pero en mi recorrido de crecimiento en la oración, descubrí que, en cambio, es sencilla, inmensamente práctica y, muchas veces, muy agradable. La oración puede tener muchas formas, pero toda oración es esencialmente una conversación con el Señor, de dos vías, que tiene resultados verdaderos que cambian vidas.

La oración placentera es aquella que refresca nuestro corazón y vigoriza nuestro espíritu. ¡Imagínese cuán agradable es la oración! Vamos a desear estar en ella continuamente. Solo la oración placentera es sostenible. Por otro lado, si no es placentera, solamente oraremos de manera intermitente, o no oraremos del todo.

Ser una persona de oración es el máximo llamado en la vida de uno. No todo creyente está llamado a predicar; sin embargo, *todo* cristiano es llamado a orar. La oración es esencial para nuestro bienestar espiritual. No es una actividad opcional.

Este libro no está destinado a ser un recurso exhaustivo sobre la oración, sino más bien un devocional diario, práctico, para guiarle a las verdades fundamentales sobre la oración: Por qué Dios la ordenó, cómo se hace, cómo crecemos en ella, qué logra, etc.

No se apresure a terminar de leer este libro. Tome cada devocional *un día a la vez*. Saboree lo que aprenda en cada página y pida al Espíritu Santo que le ayude a poner en práctica las lecciones para su vida. Después de cada devocional, encontrará una escritura que lo respalda y un inicio de oración para que usted pueda empezar en su nuevo recorrido hacia una vida llena de oración.

Recuerde, cuando oramos no solo recitamos catequesis de memoria; estamos en comunión con el Creador del universo, el Omnipotente, quien se deleita en escucharnos y anhela compartir *la vida* con nosotros.

## Día 1

# Usted está llamado a orar

*Así como el trabajo de los sastres es hacer ropa y el de los
zapateros arreglar zapatos, el trabajo de los cristianos es orar.*
—MARTÍN LUTERO

EMPEZAMOS NUESTRO RECORRIDO para crecer en la oración (y en la intimidad con Dios) reconociendo que la oración no solo es para principiantes, sino también para creyentes maduros. De otra manera, ¡tratar de crecer en ella no tendría sentido! El Señor llama a *cada* creyente a una vida de oración; no importa cuánto tiempo tenga de ser salvo o cuán experimentado sea en esta disciplina. Lo mejor que todos nosotros podemos hacer para mejorarnos como personas, mejorar nuestra vida y nuestras relaciones es crecer en la oración.

Jesús dejó en claro que no podemos andar en la plenitud de nuestro destino en Dios sin crecer en la oración. Él dijo que a menos que permanezcamos en Él, nada podemos hacer con relación a dar fruto para su reino o madurar en nuestra vida espiritual (Juan 15:5). ¿Cómo permanecemos en Él? La actividad principal para permanecer en Cristo es la oración: sencillamente, hablar con Jesús.

Ya que nosotros mismos no somos la fuente de la vida espiritual, tampoco podemos generarla ni recibirla a menos que permanezcamos en Cristo. De la misma manera en que es imposible para nosotros saltar trescientos metros impulsándonos en nuestra propia fuerza, es imposible que podamos generar vida espiritual. No se trata de practicar, ¡no fuimos creados para saltar trescientos metros! Y tampoco fuimos creados para tener vida espiritual mientras vivimos independientes del Espíritu. Tenemos que habitar en Cristo y crecer en la oración para que nuestra vida funcione.

El Espíritu Santo se moverá de una manera nueva y poderosa en su corazón y en su vida a medida que usted toma el tiempo para crecer en la oración. El cambio no sucede de la noche a la mañana, pero

1

definitivamente sucederá. Con el tiempo, la disciplina de la oración llegará a ser un deleite en la oración. La sequedad en la oración será reemplazada gradualmente por un diálogo vibrante con Dios que cambiará su vida y resultará en muchas oraciones contestadas.

Le invito a que empiece ahora mismo la nueva etapa de su recorrido en la oración. No hay otro momento mejor que ahora. No espere por una experiencia espiritual especial para empezar a crecer en la oración. Crecemos en la oración al *orar*. Los principiantes en la oración maduran sencillamente al orar más. Este es el mismo principio que aceptamos cuando aprendemos a tocar un instrumento musical, nos hacemos mejores mientras más practicamos.

## ¿QUÉ PUEDO HACER?

Un paso que puede dar y que le ayudará a crecer en la oración es definir un horario regular para momentos de oración. Un horario establece *cuándo* orará, y le ayudará a ser consistente en hablar con Jesús. No tiene que limitar su vida de oración a su tiempo establecido y, posiblemente, no podrá cumplir con más del 70 al 80 por ciento de sus momentos de oración establecidos. Sin embargo, he descubierto que oro mucho más consistentemente si reservo un tiempo en mi horario que esté dedicado a pasar tiempo con Jesús.

## PARA REFLEXIONAR

"El que permanece en mí, y yo en él, éste lleva mucho fruto; porque separados de mí nada podéis hacer" (Juan 15:5).

> *Señor, perdóname por no estar consciente de cuán importante es la oración para mi crecimiento espiritual y por no hacer de ella una prioridad en mi vida. Ayúdame a apartar un momento diariamente para concentrarme en comunicarme contigo.*

_____
_____
_____
_____
_____
_____
_____
_____
_____
_____
_____
_____
_____
_____
_____
_____
_____
_____
_____
_____
_____
_____
_____
_____
_____

# Día 2

## De deber a deleite

*Aquel que ha aprendido a orar, ha aprendido el secreto*
*más grande para una vida santa y feliz.*
—William Law

En mis tiempos de juventud, aunque amaba a Jesús me intimidaba pasar tiempo en oración. Veía a la oración como un deber necesario que tenía que soportar si quería recibir más bendición.

En el verano de 1974, uno de mis líderes juveniles me motivó a que apartara una hora diaria para orar, y estaba determinado a intentarlo. Acababa de iniciar mis estudios en la universidad de Missouri, vivía en un apartamento para estudiantes con otros tres creyentes. Les dije: "Oraré una hora al día, aunque me duela". Anunciarlo trajo un elemento de responsabilidad, sabiendo que cada noche ellos estarían observando a ver si yo cumpliría realmente mi compromiso. Así que aparté mi tiempo para orar de nueve a diez de la noche. Me refería a él como "la hora de la muerte" porque era tan aburrida que sentía que iba a morir.

A las 9:00 p. m., empezaba mi hora de oración mencionándole a Dios todo en lo que podía pensar. Toda mi lista se había agotado en dos minutos: "Gracias, Jesús, por mi salud, por mi comida y por mis amigos. Por favor, ayúdame a lograr más goles en el equipo de fútbol de la universidad, y ayúdame a obtener buenas calificaciones…". Veía mi reloj, ¡y todavía me quedaban cincuenta y ocho minutos! Algunas de esas oraciones nunca fueron respondidas. Sí entré al equipo de fútbol de la universidad, pero nunca metí goles, y mis calificaciones eran solamente notas promedio.

Soporté esa hora intimidante una noche tras otra. No me gustaba en lo absoluto. Yo disfrutaba actividades como asistir a los servicios de adoración y estudios bíblicos para escuchar la enseñanza. Me gustaba involucrarme en actividades ministeriales e ir en viajes misioneros. Pero cuando me quedaba a solas para orar o leer la Biblia, lo hallaba confuso y aburrido. Sin embargo, yo realmente quería crecer en Dios, así que sabía que tenía que continuar con "esto de la oración" hasta que desarrollara una verdadera vida de oración. Estaba determinado; aunque no me sentía muy esperanzado de que fuera a funcionarme.

Mi amigo Larry Lea me animó al decirme que cuando persistimos en la oración, nuestra vida de oración progresa de disciplina a deleite. No estaba seguro de cómo podría suceder, pero me determiné ferozmente a descubrirlo. Por la gracia de Dios, "funcionó".

Para tener éxito, necesitaba una nueva perspectiva de la oración: necesitaba saber lo que la oración es y por qué el Señor insiste en ello. Isaías profetizó que el Señor haría que sus siervos se recrearan en su casa de oración (Isaías 56:7). Aquí, Isaías se refería a un paradigma nuevo para orar: la oración caracterizada por el gozo. Era lo que me gusta llamar "oración placentera". El Señor desea que la iglesia sea sorprendida con gozo en la comunicación con Él.

## ¿QUÉ PUEDO HACER?

Empiece por una cantidad de tiempo manejable, apartado para orar, diariamente –pueden ser quince minutos– y aférrese a ello. Mientras persiste, pida al Espíritu Santo que le ayude a progresar de deber a deleite. Con el paso del tiempo, sus momentos de oración incrementarán a medida que va obteniendo el deleite de comunicarse con su Padre celestial.

## PARA REFLEXIONAR

"Yo los llevaré a mi santo monte, y los recrearé en mi casa de oración" (Isaías 56:7).

*Señor, anhelo avanzar del deber de la disciplina al deleite cuando paso tiempo contigo. Llévame de la mano y guíame a tu casa de oración para que pueda experimentar la oración placentera. ¡Oh!, que yo pueda experimentar el deleite placentero de comunicarme contigo hoy.*

_____
_____
_____
_____
_____
_____
_____
_____
_____
_____
_____
_____
_____
_____
_____
_____
_____
_____
_____
_____
_____
_____
_____
_____

## Día 3

# Un lugar de encuentro

*La oración no debería ser considerada como una tarea que debe llevarse a cabo, sino más bien como un privilegio a disfrutar, un deleite excepcional que siempre está revelando alguna belleza nueva.*
—E.M. BOUNDS

PRIMORDIALMENTE, LA ORACIÓN se trata de encontrarse con Dios y de tener una relación creciente con Él. En la oración, nos colocamos en un lugar para recibir sabiduría del corazón de Dios, a medida que los deseos nuevos se forman en nuestro corazón, capacitándonos para tener una comunión más profunda con Él. La oración nos prepara para ser animados a amar, amar a Dios y a las personas. Sí, orar para recibir respuestas y para ver el poder de Dios es bíblico. Sin embargo, la oración es primordialmente una oportunidad para tener comunión con Dios.

El llamado a la oración es para participar en el amor que ha ardido eternamente en el corazón de Dios. Desde la eternidad, el Padre ha amado al Hijo con todo su corazón, y el Hijo ha amado al Padre con la misma intensidad. Este amor es la realidad fundamental del reino de Dios. Es precisamente esta realidad de la que participamos a medida que crecemos en la oración, es de lo que más se trata la oración; eso es, participar en las dinámicas familiares de la Deidad.

Dios creó a la raza humana para compartir el amor de Él. ¿Por qué? Sencillamente porque "Dios es amor" (1 Juan 4:16).

Dios se consume en amor, y Él nos llama a experimentarlo, a entrar en lo que yo llamo "la comunidad del corazón ardiente". La salvación es una invitación a esta comunidad.

## ¿QUÉ DEBO HACER?

Cuando ore hoy, prepárese activamente para recibir el amor de Dios, y pida al Espíritu Santo que lo acerque a la comunidad del corazón ardiente.

## PARA REFLEXIONAR

"Y nosotros hemos conocido y creído el amor que Dios tiene para con nosotros. Dios es amor; y el que permanece en amor, permanece en Dios, y Dios en él" (1 Juan 4:16).

*Señor, procuraré tener encuentros de oración diarios contigo, no solo para fortalecer nuestra relación, sino para tomar parte del amor permanente que solo se encuentra cuando estoy en tu presencia.*

_____

_____

_____

_____

_____

_____

_____

_____

_____

_____

_____

_____

## Día 4

# La oración que produce resultados

*No es suficiente empezar a orar...sino que debemos paciente y confiadamente continuar orando hasta que obtengamos una respuesta.*
—GEORGE MÜLLER

**N**O ORAMOS "SOLO por orar". Sí, oramos para tener comunión con Dios, pero también oramos para que las cosas cambien y que las bendiciones de Dios sean liberadas en nosotros y a través de nosotros. Hay un objetivo para nuestras oraciones. En la enseñanza del apóstol Santiago sobre la oración, él escribió acerca del poder de la oración: "La oración eficaz del justo puede mucho" (Santiago 5:16). La oración eficaz puede mucho y lleva a resultados verdaderos. Jesús les enseñaba a sus discípulos, diciendo: "Si algo pidiereis en mi nombre, yo lo haré" (Juan 14:14).

Debemos orar con fe, creyendo que Dios responderá nuestras peticiones liberando una medida mayor de su bendición y poder. Jesús a menudo afirmaba a la gente que tenía fe para recibir de Él. Por otro lado, reprendía a quienes no recibían debido a su falta de fe en Él.

Mateo 17:14-21 relata la historia del hombre que llevó a su hijo epiléptico ante los discípulos para que lo sanaran, pero él estaba decepcionado porque "ellos no podían curarlo". Públicamente, Jesús expresó pesar por la "generación perversa y sin fe" y luego sanó instantáneamente al muchacho. Más tarde, en privado, cuando los discípulos le preguntaron por qué ellos no habían podido sacar el demonio del joven, Jesús les dijo la razón sencilla y categóricamente: "A causa de su incredulidad". Él añadió que nada sería imposible para los que oran con fe. Somos llamados a ser canales de la bendición de Jesús y sanar a los demás. Los discípulos aprendieron mucho de Jesús: cuando oraban con fe y en obediencia, las cosas cambiaban. Lo mismo sucede con nosotros.

## ¿QUÉ PUEDO HACER?

Hoy, cuando ore al Padre, ponga en práctica una fe como la de un niño cuando ore al Padre. Y no tema decir: "Señor, yo creo. ¡Ayuda a mi incredulidad!". Él anhela acercarlo a usted para tener una comunión con la Trinidad.

## PARA REFLEXIONAR

"Por tanto, os digo que todo lo que pidiereis orando, creed que lo recibiréis, y os vendrá" (Marcos 11:24).

*Señor, perdóname por no confiar siempre en ti para que respondas mis oraciones. Creo en tu poder para guiarme en fe y proveer los resultados.*

_____

_____

_____

_____

_____

_____

_____

_____

_____

_____

_____

_____

_____

_____

## Día 5

# La oración desata bendiciones

*Un vistazo a Jesús le salvará. Fijar su mirada en Él lo santificará.*
—MANLEY BEASLEY

EL SEÑOR ANHELA ser misericordioso, derramar una medida mayor de su gracia y bendición sobre nosotros. Él lo hará seguramente al sonido de nuestro clamor; cuando Él lo escuche, nos responderá. Recibir más de Dios no se trata de convencerlo para que quiera darnos más. Sino, se trata de Dios convenciendo a su pueblo a orar confiadamente por más.

Las bendiciones están prometidas para los que se acercan a Dios y piden. Por lo tanto, si oramos, la calidad de nuestra vida natural y espiritual mejorará. Por ejemplo, la medida en la que recibimos sabiduría del Espíritu Santo aumentará, y nuestro corazón sediento se encontrará más profundamente con Dios.

Al orar, podemos liberar la bendición de Dios en mayor cantidad e interrumpir la obra del enemigo que busca devorar nuestras finanzas, destruir nuestro cuerpo, arruinar nuestras relaciones, oprimir nuestro corazón y destruir nuestra familia. En respuesta a la oración, Dios abre las puertas de bendición y cierra las de opresión. Cuando oramos, podemos cerrar las puertas de la opresión demoníaca. Tenemos autoridad en el nombre de Jesús para detener la actividad demoniaca y liberar actividad angelical en nuestra vida y en la de otros.

Dios no hará nuestra parte, y nosotros no podemos hacer la de Él. Dios requiere que cooperemos con Él según su gracia sobrenatural. Esta es una expresión de su deseo por una relación íntima con nosotros. Solamente a través de un estilo de vida de oración podemos recibir la plenitud de lo que Dios nos ha prometido.

## ¿QUÉ PUEDO HACER?

Pídale al Señor que abra puertas de bendición en gran medida en su vida y en la de sus seres queridos. Pídale que cierre las puertas de opresión para que la interferencia demoníaca no pueda entrar.

## PARA REFLEXIONAR

"Pero el Señor aún espera que acudan a él para poder demostrarles su amor…pues al oír el clamor de tu llanto él derramará su gracia sobre ustedes, él les responderá" (Isaías 30:18-19, NBV).

*Señor, dame la capacidad de orar con gran confianza. Tú eres un Dios tan misericordioso, siempre estás dispuesto a responder a mi clamor. Procuro desatar tus bendiciones a través de la oración y recibirlas con un espíritu de gozo.*

_____

_____

_____

_____

_____

_____

_____

_____

_____

_____

_____

_____

## Día 6

# Orar es asociarse con Dios

*Si usted desea ese poder espléndido en la oración, tiene que permanecer en una unión amorosa, viva, duradera, consciente, práctica con el Señor Jesucristo.*
—C. H. Spurgeon

Eℓ Señor desea mucho más para su pueblo que solamente ser una fuerza laboral. Él anhela tener una relación con quienes le aman para asociarse con ellos y cumplir los propósitos de Dios.

Cuando nuestros dos hijos eran pequeños, Dios usó un episodio sencillo de nuestra vida familiar para enseñarme sobre asociarnos en oración para los propósitos de Él. Un día, cuando llegué a casa, mi esposa, Diane, estaba en la cocina con nuestro hijo Luke, quien en ese entonces tenía cinco años. Ellos habían recién terminado de lavar juntos los platos. La camisa de mi hijo estaba empapada. El cabello de mi esposa estaba mojado y pegajoso, había un plato roto en el piso. Las cosas estaban un poco desordenadas. Pregunté: "¿qué pasó?".

Luke sonrió y dijo con gran orgullo: "Hola, papá, acabo de lavar los platos".

Así que Luke hizo un gran desorden, rompió un plato, y dejó caer agua por todas partes; sin embargo, en su mente, "él había lavado los platos". Pero estaba feliz, y con su gran sonrisa dijo, "mira, papá, lo que hice, lavé los platos".

En ese momento recibí sabiduría sobre la manera en que funciona la oración. Diane pudo haber lavado los platos mucho más rápido sin la ayuda de Luke, pero ella quería involucrarlo. El Señor puede construir fácilmente su reino sin incluirnos a nosotros, pero Él quiere involucrarnos porque está comprometido en una relación de sociedad con nosotros. Jesús no solo es un Rey con poder; Él también es el Novio que desea una relación. Él se goza en nuestra amistad y en nuestra sociedad unida en la obra del reino.

## ¿QUÉ PUEDO HACER?

Descubra cómo puede bendecir al Señor hoy. Pregúntele: "Señor, ¿cómo puedo ser una bendición para ti y para quienes tú quieres bendecir a través de mí hoy?". Prepárese para escuchar su respuesta. Puede venir como una voz suave, quieta, o puede venir como una impresión al momento.

## PARA REFLEXIONAR

"Y ahora, que el Dios de paz—quien levantó de entre los muertos a nuestro Señor Jesús…los capacite con todo lo que necesiten para hacer su voluntad. Que él produzca en ustedes, mediante el poder de Jesucristo, todo lo bueno que a él le agrada. ¡A él sea toda la gloria por siempre y para siempre! Amén" (Hebreos 13:20-21).

*Señor, gracias por desear tener una relación conmigo. Eres poderoso y no necesitas mi ayuda, pero tu anhelo de que seamos socios ejemplifica tu amor sorprendente. Te ruego que pueda crecer en mi relación contigo.*

_____

_____

_____

_____

_____

_____

_____

_____

_____

_____

# La importancia de pedir

*En el proceso de ser adorado es que Dios le*
*comunica al hombre su presencia.*
—C. S. Lewis

**M**UCHOS CONOCEMOS EL versículo bíblico que nos enseña que no tenemos porque no pedimos (Santiago 4:2). Dios quiere que hagamos algo más que solo *pensar* en nuestras necesidades; Él quiere que le *pidamos* que las supla. Muchos se quejan de su vida o sus circunstancias y hasta hablan con otros sobre ellas, pero no le dicen sus necesidades al Señor.

Es fácil pensar en nuestras necesidades sin verbalizarlas. ¿Por qué insiste Dios en que pidamos? Es porque "pedir" nos lleva a una mayor conexión de nuestro corazón con Él. Por lo tanto, Él "hace que salgamos, a través de la necesidad," de nuestra vida carente de oración al retener ciertas bendiciones hasta que pidamos, hasta que realmente le hablemos acerca de ellas. Cuando la presión que causa la falta de sus bendiciones es mayor que nuestras múltiples ocupaciones, entonces oramos más. Y en el proceso de orar, nos conectamos en una relación con Él.

El Señor conoce nuestras necesidades sin que le pidamos; sin embargo, Él espera para darnos muchas cosas hasta que se las pidamos. Jesús nos llamó a pedir y seguir pidiendo, a buscar y seguir buscando, a llamar y seguir llamando. Los verbos en griego están en un presente continuo, indicando que debemos hacerlo consistentemente y seguir haciéndolo. Pedir es importante.

## ¿QUÉ PUEDO HACER?

Solo pida. Suena sencillo, pero muchas veces descuidamos hacerlo. En su rutina diaria, pida al Señor respuestas para las cargas en su corazón, o incluso en la más sencilla de las cosas que usted sabe que necesita su ayuda.

## PARA REFLEXIONAR

"Pedid, y se os dará; buscad, y hallaréis; llamad, y se os abrirá. Porque todo aquel que pide, recibe; y el que busca, halla; y al que llama, se le abrirá" (Mateo 7:7-8).

> *Señor, perdóname por no siempre acudir a ti con mis necesidades. Solamente tú puedes suplirlas, y aun así, muchas veces no te busco primero. Ayúdame a hablar contigo consistentemente sobre mis necesidades y a pedirte continuamente que las suplas.*

_____

_____

_____

_____

_____

_____

_____

_____

_____

_____

_____

_____

_____

_____

_____

## Día 8

# Incluso las oraciones imperfectas mueven el corazón de Dios

*Usted puede hacer algo más que orar después de haber orado;*
*pero no puede hacer más que orar hasta que haya orado.*
—A. J. GORDON

**N**UESTRAS ORACIONES NO tienen que expresarse perfectamente para alcanzar los propósitos de Dios. Son efectivas por la autoridad que tenemos en Jesús, el cual se basa sobre su obra terminada en la cruz. Por lo tanto, nuestras oraciones son eficaces aun cuando sean *cortas,* cuando sean *débiles* y cuando *no estén bien estructuradas.*

Las oraciones cortas son eficaces. No deje la oración de lado hasta que tenga una hora completa para orar. Incluso mientras se apresura para llegar a una cita, espera en un semáforo o está en la fila del supermercado, usted puede ofrecer oraciones de noventa segundos que marcarán la diferencia en su vida y en la de otros. De igual manera, no mida sus oraciones por la manera en que se siente cuando las hace, sino por la extensión en que estas se alinean con la voluntad y la Palabra de Dios. Amado, nuestros momentos de oración débiles quizá no nos muevan a nosotros, pero sí mueven el corazón de Dios.

Finalmente, Dios valora nuestras oraciones aun cuando no las decimos de la manera "correcta". A veces, pensamos que debemos tener una estructura perfecta cuando oramos. Sin embargo, venimos valientemente al "trono de la gracia" (Hebreos 4:16), no al "trono de la redacción perfecta". El Señor escucha el gemido del prisionero (Salmo 79:11; 102:20) así como la elocuencia de los eruditos bíblicos y los predicadores poderosos. Recuerde, Dios conoce nuestro corazón, y Él nos ha dado su Espíritu para que interceda por y a través de nosotros.

## ¿QUÉ PUEDO HACER?

Lleve ante el Señor sus oraciones cortas, débiles o mal estructuradas. Presente sus peticiones y devociones con la confianza que tiene en Jesucristo.

## PARA REFLEXIONAR

"Y esta es la confianza que tenemos en él, que si pedimos alguna cosa conforme a su voluntad, él nos oye" (1 Juan 5:14).

> *Señor, gracias por el conocimiento de que tú escuchas mis oraciones aun cuando son débiles, cortas o mal estructuradas. Mis oraciones pueden no siempre ser elocuentes, pero tú las escuchas y las respondes a pesar de mis imperfecciones.*

_____

_____

_____

_____

_____

_____

_____

_____

_____

_____

_____

_____

_____

# Día 9

# Nuestras oraciones mueven a los ángeles

*La oración no nos prepara para una obra más*
*grande; la oración es la obra más grande.*
—OSWALD CHAMBERS

EN JULIO DE 1988, tuve un encuentro que me cambió la vida. Fue en una reunión de oración de sábado por la mañana que yo había estado dirigiendo durante casi cuatro años. Un sábado llegué unos quince minutos antes. Los únicos dos vehículos en el estacionamiento pertenecían a los dos jóvenes que estaban a cargo del sistema de sonido.

Mientras me acercaba a la puerta para entrar al edificio, escuché una música que sonaba muy parecida al "Coro Aleluya" en el *Mesías* de Handel. Era glorioso y hermoso y muy fuerte. Pensé: "Oh, no, los técnicos de sonido están jugando con el sistema, y seguramente harán explotar los altoparlantes con ese volumen tan alto". Corrí para abrir la puerta y pedirles que bajaran el volumen, pero cuando abrí la puerta, todo estaba en silencio. Pensé "¿Qué sucede?".

Dentro del santuario, los técnicos de sonido no estaban en la cabina, sino al frente del santuario orando juntos. Estaba perplejo hasta que comprendí, con una sensación de asombro, que había escuchado literalmente coros angelicales.

La reunión de oración empezó, y pensé que en cualquier momento la gloria de Dios se manifestaría de manera inusual. Seguramente, escuchar las voces angelicales era una señal de que estábamos por atestiguar un avance dramático de la presencia de Dios. Pero nada de eso sucedió. Fue un día común y corriente como cualquier otro sábado.

Después de la reunión de oración, y que todos se habían ido, me quedé solo, callado, y pensé: "Escuchar ese coro angelical fue una de las cosas más extrañas que me habían pasado. ¿Qué significaba, Señor? ¿Por qué no sucedió algo dinámico hoy en la reunión de oración?".

Repentinamente, el Señor me dio una palabra muy clara. Fue como una impresión. El Espíritu Santo dijo: "Esto es lo que sucede cada vez que algunos de mi pueblo se reúnen para orar". En ese momento entendí que los coros angelicales se regocijan cada vez que el pueblo de Dios se reúne a orar, incluso en una reunión de oración, pequeña, aparentemente sin inspiración o "unción" de sábado por la mañana. Amado, nuestros momentos privados de oración y nuestras reuniones públicas de oración quizá no nos muevan a nosotros, pero mueven a los ángeles, y más importante, mueven el corazón de Dios.

## ¿QUÉ PUEDO HACER?

Imagine al ejército celestial acompañándolo mientras pasa tiempo a solas con Dios u ora con el resto de la iglesia. Agradezca a Dios por lo que sucede más allá del velo que separa al mundo invisible, espiritual del mundo natural.

## PARA REFLEXIONAR

"[Mientras Cornelio oraba, un ángel] le dijo: Tus oraciones y tus limosnas han subido para memoria delante de Dios" (Hechos 10:4).

*Señor, ¡es asombroso saber que nuestras oraciones realmente pueden hacer que los ángeles canten! De ahora en adelante, trataré de no dar por sentados mis momentos públicos y privados de oración.*

_____

_____

_____

_____

_____

# Día 10

# La comunidad del corazón ardiente

*Nada hace Dios sino hay oración, y todo lo hace con ella.*
—John Wesley

**C**ONTRARIO A TODO lo que algunos piensan, la salvación es mucho más que un medio para escapar del infierno. La salvación también es más que ganar felicidad terrenal al recibir la bendición de Dios en las circunstancias de uno.

Jesús pretendía mucho más que hacer nuestra vida fácil y cómoda cuando murió en la cruz por nosotros. Algo más grande está sucediendo. Se nos ha ofrecido el gran privilegio de conocer a Dios, y el llamado a crecer en la oración es un llamado para participar en algunas de las dinámicas familiares dentro de la Deidad.

El amor que consume el corazón de Dios tiene cinco expresiones por lo menos: 1) Dios ama a Dios (la Trinidad) con un amor feroz; 2) Dios ama a su pueblo; 3) nuestro amor por Dios brota del amor que Él nos imparte; 4) el pueblo de Dios se ama a sí mismo en el amor de Dios y por el amor de Dios; y 5) La gente de Dios se ama mutuamente en el amor que recibimos de Dios. Juntas, estas cinco expresiones de amor constituyen "la comunidad del corazón ardiente". Estamos invitados a entrar en una relación de amor consumidor que se comparte dentro de la comunidad de la Trinidad. ¡Qué destino tan glorioso!

## ¿QUÉ PUEDO HACER?

Hoy, cuando ore, pídale al Señor que le abra los ojos para que vea "el panorama completo" de lo que sucede y que lo llene con su amor por la gente.

## PARA REFLEXIONAR

"Y esta es la vida eterna: que te conozcan a ti, el único Dios verdadero, y a Jesucristo" (Juan 17:3).

*Señor, gracias por la oportunidad maravillosa de unirme como creyente a tu "comunidad del corazón ardiente". La oportunidad de estar en comunión contigo a través de la oración es un privilegio muy grande. Ayúdame a reconocer estas cinco expresiones y a entenderlas como una parte verdadera de mi vida de oración.*

## Día 11

# Centre su mirada en la belleza de Dios

*La adoración transforma al adorador en la*
*imagen de Aquel que es adorado.*
—JACK HAYFORD

DIOS CREÓ A los seres humanos de tal manera que ansiamos la fascinación, maravilla y asombro y nuestra ansiedad se satisface mejor al contemplar la hermosura de Dios; la belleza que Él posee en sí mismo y la expresa en la creación. El rey David entendía esta verdad tan bien que declaró que contemplar la hermosura era el único objetivo de su vida de oración.

Al tener una relación con Jesús, somos conectados con el Hombre que es la máxima belleza (Salmo 27:4). Por lo tanto, a medida que crecemos en la oración, nuestra capacidad para disfrutar la belleza aumenta. Ver la belleza de la persona de Jesús nos capacita para ver más claramente su belleza en la creación y en la redención, y su liderazgo histórico. También funciona al revés. Ver la belleza de Jesús a través de la Escritura, la naturaleza y su liderazgo soberano sobre la Iglesia, las naciones y la historia nos ayuda a ver la hermosura de su persona.

Las muchas facetas de la belleza de Dios están resumidas en una realidad: *amor* incondicional. Nuestra búsqueda permanente es realmente la búsqueda de una relación profunda, de un propósito duradero, de deleite y belleza. Nuestra búsqueda termina no en cosas sino en una persona: en la presencia de Dios. El novelista ruso Dostoevsky escribió: "vivir sin Dios no es más que una tortura".[1]

Nuestro corazón está sediento de lo eterno, de trascendencia y puede ser satisfecho solo al participar en la comunidad del corazón ardiente con el Padre, el Hijo y el Espíritu Santo.

## ¿QUÉ PUEDO HACER?

Use una Biblia con concordancia o una aplicación de la Biblia en su teléfono, haga una búsqueda de la palabra "hermosura" o "majestad de la santidad" para ver lo que dice la Palabra sobre la hermosura de Dios. Centre su atención en la gloria y hermosura de Dios cuando lleve a cabo su rutina diaria.

## PARA REFLEXIONAR

"Una cosa he pedido al Señor, y ésa buscaré:…contemplar la hermosura del Señor" (Salmo 27:4).

> *Señor, tu magnificencia se revela a lo largo de la Escritura, la historia y ¡la creación! Me deleitaré en tu hermosura cuando cumpla con mi rutina diaria y tendré una relación contigo a través de mi oración diaria o una sencilla comunión contigo.*

_____

_____

_____

_____

_____

_____

_____

_____

_____

_____

_____

_____

_____

_____

## Día 12

# La cura divina para el aburrimiento

*Nos hiciste, Señor, para ti; y nuestro corazón
está inquieto hasta que descanse en ti.*
—San Agustín

La peor tragedia en la vida es vivir en aburrimiento continuo sin interactuar con lo divino. La gente aburrida se ve obligada a buscar placeres diferentes para llenar su vacío y soledad espirituales. Si nuestro entendimiento de la hermosura de Jesús y su propósito no crece; entonces, gastaremos inevitablemente nuestro tiempo libre y nuestros recursos en la búsqueda de la fama, la fortuna, el entretenimiento y el reconocimiento de los demás. Estas cosas mitigan temporalmente el dolor del vacío y la soledad, lo que surge de no tener una relación creciente con Dios; sin embargo, encontrar la hermosura es la única solución real y duradera para superar el aburrimiento.

Nunca estaremos completamente satisfechos por nuestros logros, habilidades, riqueza, fama, placeres o posesiones. ¿Por qué? Porque el corazón humano fue creado para necesitar más de lo que está disponible para nosotros en el ámbito natural. Solamente el Dios eterno, sobrenatural, puede satisfacer sus anhelos. Somos creados por diseño de Dios para necesitar una conexión profunda con Él a fin de que nuestro anhelo más profundo sea satisfecho.

San Agustín oraba: "Nos hiciste, Señor, para ti; y nuestro corazón está inquieto hasta que descanse en ti".[2]

Los seres humanos somos los únicos en toda la creación que solamente estamos satisfechos al llegar a ser más de lo que nuestra naturaleza humana define. Somos seres espirituales que necesitan algo más allá de lo que recibimos en nuestra forma natural. Este "algo" se encuentra mejor en nuestra interacción con Dios, quien es la máxima hermosura; por consiguiente, a través de la oración. Mientras más crezcamos en la oración, más tendremos la capacidad para disfrutar la hermosura de Dios tal como fuimos diseñados para hacerlo.

## ¿QUÉ PUEDO HACER?

Si hoy se encuentra con un momento libre, llénelo con oración, lectura de la Palabra, o sencillamente meditando en Dios y su bondad. Observe cómo ese "momento divino" impacta el resto de su día.

## PARA REFLEXIONAR

"La gracia del Señor Jesucristo, el amor de Dios, y la comunión del Espíritu Santo sean con todos vosotros" (2 Corintios 13:14).

*Padre, ayúdame a apartarme de la búsqueda de lo terrenal que tiene la ilusión de satisfacerme en el momento, pero que solamente me deja con una sensación de vacío. Solo tú puedes suplir el anhelo de más en mi corazón.*

## Día 13

# ¿Qué hace que la oración sea eficaz?

*La gente más grande en la tierra hoy día es la gente que ora. No me refiero a quienes hablan de la oración, tampoco a los que pueden explicar la oración; sino que me refiero a quienes apartan el tiempo y oran.*
—S. D. GORDON

EL APÓSTOL SANTIAGO, quien era conocido en la iglesia primitiva como un gran hombre de oración, le dio a la iglesia una sabiduría invaluable del tema de la oración que realmente marca la diferencia y logra su objetivo.

Dios nos llama a ofrecer oración santa, confiada y perseverante que fluya de la relación con el Señor y su familia; este es el tipo de oración que logra mucho.

Es el destino de cada creyente liberar el poder de Dios a través de sus oraciones sencillas. Santiago 5:15-16 dice que la oración de fe libertará al enfermo y que nuestras oraciones pueden (lograr) mucho. Nuestras oraciones logran mucho más de lo que logramos con nuestros cinco sentidos, y la realidad de que brindan cambio verdadero le da a nuestra vida y a nuestras oraciones un gran valor. Nuestra perspectiva en la vida cambia dramáticamente cuando creemos que nuestras oraciones realmente marcan la diferencia.

La oración eficaz de la que Santiago escribió tiene cuatro características: oración *arraigada en la fe*; oración en el *contexto de buenas relaciones*; oración que proviene de un *estilo de vida recto*; y la oración que es *sincera y comprometida*. Es sorprendente cómo una oración puede ser al mismo tiempo simple y poderosa, ¿verdad?

## ¿QUÉ PUEDO HACER?

Cuando ore hoy, crea que sus oraciones están marcando la diferencia. Luego prepárese para recibir las respuestas en el tiempo de Dios.

## PARA REFLEXIONAR

"Y la oración de fe salvará al enfermo, y el Señor lo levantará… Confesaos vuestras ofensas unos a otros, y orad unos por otros, para que seáis sanados. La oración eficaz del justo puede mucho" (Santiago 5:15-16).

*Señor, vengo ante ti arraigado en la fe, en una relación correcta con mis compañeros creyentes, llevando un estilo de vida de rectitud y con un corazón sincero y comprometido. Sé que las oraciones que haga hoy alcanzarán mucho más de lo que pueda percibir con mis cinco sentidos. Por favor, aumenta mi fe hoy.*

# Día 14

## La oración arraigada en la fe

*Dios solo actúa en respuesta a una oración de fe.*
—John Wesley

LA ORACIÓN DE fe que se menciona en Santiago 5:15 está arraigada en una confianza en Dios que tiene tres partes. Primera, es orar con confianza en la autoridad de Jesús sobre la enfermedad y las obras de las tinieblas. Jesús afirmó al centurión romano por tener gran fe en su autoridad sobre la enfermedad (Mateo 8:5-13), y Él le dijo a los dos ciegos: "conforme a vuestra fe os sea hecho" (Mateo 9:29). Jesús enfatizó fuertemente la importancia de orar con fe y confianza (Marcos 11:22-24). Además, declaró: "Toda potestad me es dada en el cielo y en la tierra" (Mateo 28:18). Nuestra fe es estar anclados en el conocimiento de su autoridad sobre cualquier otro poder que exista.

Segunda parte: orar con confianza en que la sangre de Jesús califica a la gente débil como nosotros a ser vasos que liberan el poder de Dios y reciben sus bendiciones. En Hebreos aprendemos que tenemos "libertad para entrar en el Lugar Santísimo por la sangre de Jesucristo" (Hebreos 10:19). No debemos retraernos por vergüenza o culpabilidad, pues Él nos ha dado su propia justicia como un regalo gratuito (2 Corintios 5:21).

Tercera parte: orar con confianza en el deseo del Padre para sanar, libertar y bendecir a su pueblo por medio de la obra del Espíritu Santo. En Lucas 11, Jesús concluye su enseñanza sobre la oración, diciendo: "¿Qué padre de vosotros, si su hijo le pide pan, le dará una piedra? ¿o si pescado, en lugar de pescado, le dará una serpiente?...Pues si vosotros, siendo malos, sabéis dar buenas dádivas a vuestros hijos, ¿cuánto más vuestro Padre celestial dará el Espíritu Santo a los que se lo pidan?" (versículos 11-13). Oramos en fe, sabiendo que Dios, cuyo corazón arde de pasión por nosotros, sí desea realmente bendecirnos.

## ¿QUÉ PUEDO HACER?

Sea valiente cuando hable con Dios. Ore "como si", tal como "contra toda esperanza, Abraham creyó y esperó" (Romanos 4:18, NVI). Recuerde, usted tiene confianza a través de la sangre derramada de Jesucristo.

## PARA REFLEXIONAR

"Porque de cierto os digo que cualquiera que dijere a este monte: 'Quítate y échate en el mar', y no dudare en su corazón, sino creyere que será hecho lo que dice, lo que diga le será hecho" (Marcos 11:23).

*Padre, estoy aprendiendo a orar con valentía y fe, creyendo que tu no solo me escuchas, sino que deseas responder mis oraciones de acuerdo con tu voluntad.*

_____

_____

_____

_____

_____

_____

_____

_____

_____

_____

_____

_____

_____

_____

## Día 15

# La importancia de las relaciones buenas

*Hablar con las personas sobre Dios es algo grande, pero hablar con Dios acerca de las personas es aún más grande.*
—E. M. BOUNDS

ALGUNOS CREYENTES ESTÁN comprometidos en cultivar las relaciones con los demás, pero se conforman con tener una vida de oración débil. Otros, están comprometidos en cultivar su vida de oración, pero se conforman con tener relaciones débiles. La Biblia coloca estos dos valores juntos como complementarios, no como rivales.

No deben separarse porque la oración eficaz fluye mejor de aquellos que están en una fuerte relación en el reino; compartir profundamente unos con otros, asociarse en actividades para el reino y relacionarse en humildad, honor y perdón en la gracia de Dios. Pablo nos amonesta en Colosenses: "Vestíos, pues, como escogidos de Dios, santos y amados, de entrañable misericordia, de benignidad, de humildad, de mansedumbre, de paciencia; soportándoos unos a otros, y perdonándoos unos a otros". Luego añade: "Y sobre todas estas cosas vestíos de amor, que es el vínculo perfecto" (Colosenses 3:12-14).

Una vida de oración fuerte conducirá, con el tiempo, a relaciones fuertes con las personas. Aquellos que valoran sinceramente su relación con Jesús son impulsados a amar a la gente más profundamente. La oración no se trata de estar en contra de las relaciones o de ser antisocial. La verdadera oración tiene el efecto contrario. Se trata del amor, amar a Dios y a la gente. Las personas de oración deberían ser las más motivadas en amor.

### ¿QUÉ PUEDO HACER?

Permita que el amor energizante del Espíritu Santo impregne todo su ser, luego vaya y dé ese amor a los demás; incluso a quienes son difíciles de amar y pareciera que no quieren recibirlo.

## PARA REFLEXIONAR

"Un mandamiento nuevo os doy: Que os améis unos a otros; como yo os he amado, que también os améis unos a otros. En esto conocerán todos que sois mis discípulos, si tuviereis amor los unos con los otros" (Juan 13:34-35).

*Padre, permite que mi amor por ti —y el tiempo que paso contigo— se derrame sobre mis relaciones terrenales. Enséñame por medio del Espíritu a relacionarme más, ser más amoroso, más amable y misericordioso con la gente con la que interactúe hoy.*

_____

_____

_____

_____

_____

_____

_____

_____

_____

_____

_____

_____

_____

_____

## Día 16

# Un estilo de vida de rectitud

*No hay cosa alguna que pueda atender sin haber*
*pasado tres horas diarias en oración.*
—MARTÍN LUTERO

U NA CONDICIÓN MUY importante para que la oración sea eficaz es estar comprometido a andar en un estilo de vida de rectitud ante Dios y la gente, tal como indicado en Santiago 5:16: "La oración eficaz del *justo* puede mucho". Esta condición bíblica muchas veces es minimizada o ignorada totalmente incluso por personas que están involucradas profundamente en el movimiento de oración y adoración hoy día.

El "justo" en este pasaje es cualquier creyente que se propone obedecer a Jesús de corazón y al mismo tiempo procede con carácter piadoso y lleva un estilo de vida practicando la verdad (1 Juan 1:6). Proponernos en nuestro corazón obedecer es muy importante, incluso si no logramos la obediencia madura y consistente.

Nunca he conocido a una persona tan madura en la rectitud que esté por encima de toda tentación y que nunca se quede corto en su andar con Dios. En otras palabras, las oraciones de un "justo" incluyen las oraciones de las personas imperfectas, débiles—tal como usted y yo—que procuramos sinceramente andar en rectitud incluso cuando tropezamos en nuestra debilidad. ¡Estoy muy agradecido por la realidad gloriosa de la gracia de Dios!

## ¿QUÉ PUEDO HACER?

Propóngase en su corazón obedecer a Jesús y practicar esta verdad en cada faceta de su vida: sus relaciones, sus finanzas, sus conversaciones, sus pensamientos, sus acciones, etc.

## PARA REFLEXIONAR

"Cualquiera cosa que pidiéremos la recibiremos de él, porque guardamos sus mandamientos, y hacemos las cosas que son agradables delante de él" (1 Juan 3:22).

*Padre, aunque soy imperfecto y débil, sinceramente procuro andar en rectitud. Dame hambre y sed de justicia.*

_____

_____

_____

_____

_____

_____

_____

_____

_____

_____

_____

_____

_____

_____

_____

_____

_____

_____

## Día 17

# ¿Son sus oraciones fervientes?

*La oración hará que un hombre deje de pecar, o el
pecado persuadirá al hombre a dejar de orar.*
—JOHN BUNYAN

USANDO AL PROFETA Elías como ejemplo, el apóstol Santiago enseñó que una característica de la oración eficaz es orar *fervientemente*. "Elías... oró fervientemente para que no lloviese, y no llovió" (Santiago 5:17). ¿Qué significa ferviente?

Primero, la oración ferviente viene de un corazón comprometido con Dios. Orar fervientemente implica que no lo hacemos de memoria ni por cumplir con un listado. Orar fervientemente es lo contrario a decir nuestras oraciones al aire, sin pensar. Debemos concentrar nuestra mente y atención en el Señor cuando oramos.

Segundo, la oración ferviente es persistente. Debemos rehusarnos a que se nos nieguen las respuestas a las oraciones que están de acuerdo con la voluntad de Dios. Nunca debemos dejar de pedir y agradecer a Dios por las respuestas a las oraciones que ofrecemos en su voluntad hasta que las veamos con nuestros ojos. No debemos ser casuales sobre nuestras oraciones, sino persistentes y tenaces.

Jesús enseñó una parábola sobre la disposición del Padre para responder la oración que está registrada en el evangelio de Lucas. Su mensaje era que debido a nuestra persistencia, el Padre responde. Él aplicó la parábola al exhortarnos a pedir, sabiendo que la respuesta será suplida; a buscar, sabiendo que hallaremos; y a llamar, sabiendo que la puerta se abrirá (Lucas 11:9). Los verbos griegos para "pedir", "buscar" y "llamar" están en tiempo presente continuo. En otras palabras, debemos pedir y seguir pidiendo, buscar y seguir buscando, llamar y seguir llamando. ¡El mensaje es un llamado a la perseverancia!

## ¿QUÉ PUEDO HACER?

Niéguese a rendirse en aquellas peticiones "difíciles" en su tiempo de oración; algunas de esas peticiones por las que ha dejado de orar. Recuerde que algunas respuestas pueden ser retrasadas por una razón que solo Dios conoce. Podemos confiar en el liderazgo del Señor.

## PARA REFLEXIONAR

"Orando en todo tiempo con toda oración y súplica en el Espíritu, y velando en ello con toda perseverancia y súplica por todos los santos" (Efesios 6:18).

> *Señor, hoy te pido por esa misma petición que te he presentado antes. Estoy pidiendo, buscando y llamando y no me detendré hasta que escuche de ti sobre el asunto.*

_____

_____

_____

_____

_____

_____

_____

_____

_____

_____

_____

## Día 18

# Pasión no es lo mismo que volumen

*No hay una clase de vida más dulce y encantadora que*
*aquella de una conversación continua con Dios.*
—Brother Lawrence

Permítame hacer una observación pastoral. Durante muchos años de dirigir en oración, he encontrado a muchas personas que devalúan sus oraciones porque sienten que las oraciones no son ofrecidas con suficiente emoción y energía. Ellos malentienden la naturaleza de la oración apasionada o ferviente. Principalmente se trata de ser persistente y de interactuar con el corazón de Dios. No se trata de nuestro estilo de orar en una reunión de oración pública. Sin embargo, algunos concluyen que la falta de la "pasión" necesaria para que Dios responda sus oraciones se debe a que ellos no se expresan con la misma emoción y volumen de quienes guían la oración en público.

La mayoría de nosotros no dice sus oraciones con emoción y volumen intensos en público, pero no deberíamos concluir que nuestras oraciones son menos efectivas o de segunda clase. Si gritar es lo que define a la oración ferviente, entonces cerca del 99 por ciento de nuestras oraciones podrían clasificarse como no apasionadas o carentes de fervor. ¿Por qué? Porque la mayoría de nuestras oraciones se ofrecen como susurros de nuestro corazón a lo largo del día. Incluso los guerreros de oración más enérgicos ofrecen probablemente menos del uno por ciento de sus oraciones en una reunión pública, donde gritan sus oraciones. Sin embargo, sus oraciones privadas, que muchas veces son simples susurros del corazón, aún son oraciones fervientes. Las oraciones silenciosas pueden ser apasionadas y fervientes.

La pasión no se trata de energía y volumen; se trata de estar involucrado de corazón con el Señor mientras oramos y perseveramos en fe sin rendirnos. Así que continúe, no se retracte, incluso si su estilo de oración es más suave que el de otros.

## ¿QUÉ DEBO HACER?

Siga susurrando sus oraciones al Señor mientras cumple con su rutina diaria. Trate de no medir sus oraciones sobre el tono de su voz o por lo que siente en el momento. No importa cuán débiles puedan sonar sus oraciones, ¡son reales en los corredores mismos del salón del trono! Y recuerde que Él escucha hasta el más leve clamor interno del corazón.

## PARA REFLEXIONAR

"Pero Ana hablaba en su corazón, y solamente se movían sus labios, y su voz no se oía; ... 'y Jehová me dio lo que le pedí'" (1 Samuel 1:13, 27).

> *Señor, qué bueno es saber que no tengo que gritar ni esforzarme físicamente para ser apasionado en mi devoción a ti. Gracias porque puedo tener comunión contigo de una manera calmada y apacible. De cualquier modo, sé que escuchas el clamor de mi corazón.*

_____

_____

_____

_____

_____

_____

_____

_____

_____

_____

## Día 19

# Orar con fervor no depende de los "sentimientos"

*Yo vivo en oración. Oro mientras camino y cuando me acuesto y cuando me levanto. Y las respuestas llegan constantemente.*
—George Müller

ALGUNOS RETROCEDEN EN su vida de oración porque reciben otra idea errónea sobre la oración ferviente. Creen que tienen que *sentir* la presencia de Dios cuando oran. Entonces, cuando están desanimados o cansados, asumen que sus oraciones no tendrán efecto, y dejan de orar. Le tengo buenas noticias: nuestras oraciones son eficaces aun cuando estamos cansados, desanimados o malhumorados. Recuerde que ofrecemos nuestras oraciones al Señor, quien siempre está de buen humor y nunca se cansa. No tenemos que estar felices y llenos de energía para que nuestras oraciones sean fervientes y logren mucho.

La obra del reino está basada en quien Jesús es y lo que hizo en la cruz, no en la manera en que nosotros nos sintamos. Dios responde nuestras oraciones debido a la sangre de Jesús y su deseo de asociarse con su pueblo. Si nos medimos con base a la idea errónea de lo que es la pasión o de lo que significa orar fervientemente, entonces seremos tentados a orar mucho menos.

La oración no se trata de informar o persuadir a Dios, sino de conectarse con Él en una relación. Él busca conversar y dialogar con nosotros. Algunos creyentes piensan que orando más *ganan* las respuestas a sus oraciones. El Señor quiere conversar con nosotros mucho más de lo que nosotros queremos hablar con Él. No ganamos las respuestas a las oraciones por nuestra persistencia ni por nuestra obediencia.

## ¿QUÉ PUEDO HACER?

Trate de cambiar el libreto en esto: colóquese a sí mismo para "orar sin cesar" hoy (lo que incluye oraciones no pronunciadas y susurros del corazón) independientemente de cómo se sienta. De hecho, puede esperar no sentir algo, pero ore de todas maneras. Cuando ore, recuerde que no es su repetición la que es escuchada y tampoco su elocuencia, sino la postura de su corazón ante Dios.

## PARA REFLEXIONAR

"Porque así ha dicho el Señor Dios, el Santo de Israel: 'En arrepentimiento y en reposo [en mí] serán salvos; en quietud y confianza está su poder" (Isaías 30:15, NBLH, corchetes añadidos).

> *Señor, cuando no me "siento" con ganas de orar, o no siento tu presencia cuando lo hago, es bueno saber que tú aún estás presente y puedes hacer tu voluntad.*

## Día 20

# Los débiles pueden orar fervientemente

*La preocupación principal del diablo es evitar que*
*oremos...Él se ríe de nuestro esfuerzo, se burla de nues-*
*tra sabiduría, pero tiembla cuando oramos.*
—SAMUEL CHADWICK

LA HISTORIA DE Elías no se trata de un gran profeta de Dios, sino del gran Dios del profeta. Podría sorprendernos cuando conozcamos a Elías en el futuro. Tal vez lo imaginemos fuerte físicamente, con una personalidad dinámica, parecido a Charlton Heston cuando personificó a Moisés en la película famosa de *Los diez mandamientos*. Sin embargo, él podría, de hecho, haber sido un hombre débil y común físicamente según los estándares humanos. Cuando conozcamos a los grandes hombres y mujeres de la Biblia, cara a cara, podría sorprendernos descubrir cuánto se parecen a nosotros. Es la fe en el gran Dios lo que hace a un gran hombre o a una gran mujer de Dios.

Durante el reinado del rey Acab, Elías le pedía al pueblo de Israel que se arrepintiera de su reincidencia. Sus oraciones llevaron a la sanidad de una nación cuando Israel se apartó de Dios. Elías oró por una sequía, y la sequía llegó. Luego, tres años y medio después, él oró para que cayera lluvia y se acabara la sequía. Él oraba fervientemente, con persistencia. Oró siete veces para que se rompiera la sequía y llegaran las lluvias. Aunque el Señor le había dicho a Elías que enviaría la lluvia y le había ordenado decirle a Acab que la lluvia venía, el Señor requería que Elías orara hasta que la lluvia llegara realmente.

Elías era hombre débil con una naturaleza como la nuestra. Él tendía a temer y a desanimarse, y él tenía las mismas debilidades y tentaciones que nosotros enfrentamos. Sin embargo, su vida de oración aun así era muy eficaz (1 Reyes 17-19).

## ¿QUÉ PUEDO HACER?

Reconozca que es una persona débil, imperfecta, como Elías. Haga de eso su punto de partida, y luego, inclínese hacia lo que Dios quiere hacer, ya que Él desea tener comunión con usted y hacerse fuerte en su debilidad.

## PARA REFLEXIONAR

Elías era un hombre de pasiones semejantes a las nuestras, y oró fervientemente para que no lloviera, y no llovió…Oró de nuevo, y el cielo dio lluvia" (Santiago 5:17-18).

> *Señor, a veces, estoy lleno de temor y desánimo, al igual que Elías. Gracias por usarlo para recordarme que tú obras a través de la gente débil e imperfecta.*

## Día 21

# Nuestras oraciones "viven" en el corazón de Dios

*Sin adoración, andamos miserablemente.*
—A. W. TOZER

SANTIAGO NOS GARANTIZA que se puede lograr mucho a través de las oraciones del justo (Santiago 5:16). Con toda seguridad, nuestras oraciones lograrán mucho más en esta era y en la venidera.

En Apocalipsis 5, aprendemos que todas las oraciones que hacemos según la voluntad de Dios serán guardadas, a lo largo de la historia, en copas de oro cerca del trono de Dios: "Los veinticuatro ancianos se postraron ante el Cordero, cada uno tenía un arpa y copas de oro llenas de incienso, que son las oraciones de los santos" (Apocalipsis 5:8; vea además Apocalipsis 8:1-6). Observe que las copas un día estarán "llenas". El hecho de que las copas de oración en el cielo se llenen implica que Dios no olvida nuestras oraciones. Él aún recuerda nuestras oraciones de hace cinco años o hasta de veinte años atrás. Quizá nosotros las hayamos olvidado, pero Dios no. Están en una copa de oro cerca de su trono y cerca de su corazón.

Nuestras oraciones pueden tanto que permanecen eficaces, o "vivas" en la vista de Dios mucho después de esta vida, y yo supongo que "vivirán" eternamente en el corazón de Dios. Aun las oraciones de mucho tiempo atrás, de hace 300 o 3,000 años, serán eficaces en la presencia de Dios. Creo que las oraciones que ofrecemos hoy aún serán eficaces en el futuro distante, a 500 o 5,000 años de hoy. Lo que alcanzamos en oración impacta eventos actuales en la tierra y también en el futuro distante. A medida que obtengamos más entendimiento de que nuestras oraciones débiles y simples no son olvidadas, somos motivados a perseverar en oración, incluso cuando nos sentimos desanimados.

## ¿QUÉ PUEDO HACER?

Esté consciente de que sus oraciones están siendo guardadas en el cielo, en copas sagradas, que están vivas a la vista de Dios, no solo en el presente, sino por la eternidad. Permita que estar consciente de esto alimente una nueva pasión para orar, sabiendo que sus oraciones serán respondidas, que no es un asunto de *posibilidad* sino de *tiempo*.

## PARA REFLEXIONAR

"Otro ángel vino entonces y se paró ante el altar, con un incensario de oro; y se le dio mucho incienso para añadirlo a las oraciones de todos los santos, sobre el altar de oro que estaba delante del trono" (Apocalipsis 8:3).

*Padre, qué gozo es saber que todas mis oraciones "viven" ante ti en la eternidad. ¡Nada puede eliminarlas!*

## Día 22

# "Permanecer en mí" significa "háblame"

*La batalla de la oración es contra dos cosas en lo terrenal: los pensamientos dispersos y la falta de intimidad con Dios…. Ninguna de las dos puede ser curada de inmediato, pero pueden curarse con disciplina.*
—Oswald Chambers

MIENTRAS ESTUVO EN la tierra, Jesús nos enseñó a vivir en unidad dinámica con Dios. Decía que Él es la vida, la fuente de vida, y que nosotros somos las ramas, la expresión de su vida. En esta declaración, Jesús nos dio una de sus exhortaciones principales sobre llevar un estilo de vida del reino, lo que es "permanecer en Cristo" para que podamos llevar fruto que permanezca eternamente.

Nosotros llevamos fruto de dos maneras: internamente, en nuestro carácter; y externamente, en nuestro ministerio y servicio a los demás. Permanecer en Cristo es una de las actividades más descuidadas en el reino, a pesar de que solo implica tres aspectos: hablar con Jesús, poner en práctica sus promesas y obedecer su liderazgo. Estas actividades se traslapan, pero no son lo mismo.

La tarea fundamental de permanecer en Cristo es hablar con Jesús. Es tan sencillo que cualquiera puede hacerlo, pero tan simple que muchos no lo hacen. Muchas veces, intercambio la frase "permanece en mí" por la palabra "háblame". Jesús tiene mucho que decirnos, pero Él nos permite que nosotros marquemos el ritmo de la conversación. Si empezamos, Él continuará la conversación mientras nosotros lo hagamos. Cuando nos detenemos, Él se detiene y espera hasta que volvamos a empezar. Él responde en el mismo grado en el que nosotros nos comunicamos con Él.

### ¿QUÉ DEBO HACER?

Mantenga la palabra "háblame" en su espíritu mientras sigue su rutina diaria. Mantenga sus oídos espirituales abiertos para escuchar los susurros del Espíritu y determine responder con adoración silenciosa o a gran voz y un corazón agradecido.

## PARA REFLEXIONAR

"Yo soy la vid, vosotros los pámpanos; el que permanece en mí, y yo en él, éste lleva mucho fruto;…yo os elegí a vosotros, y os he puesto para que vayáis y llevéis fruto, y vuestro fruto permanezca" (Juan 15:5,16).

*Señor, gracias por hacer la oración tan sencilla. No tengo que esforzarme ni hablar con palabras elocuentes. Todo lo que necesito es hablarte.*

# Día 23

# Ponga en práctica las promesas de Dios

*Prefiero enseñar a un hombre a orar que a diez hombres a predicar.*
—CHARLES SPURGEON

UN SEGUNDO ASPECTO implicado en permanecer en Cristo es poner en práctica en nuestro corazón las promesas en su Palabra. Las emociones como vergüenza, culpa, temor o rechazo muchas veces surgen para desafiar lo que Dios dice en su Palabra acerca de su amor por nosotros, su perdón para nosotros y su provisión para nosotros. El enemigo desafía estas verdades en la Palabra y acusa continuamente a Dios (Apocalipsis 12:10).

Tomamos una posición a favor de lo que la Palabra dice que es verdad acerca de nosotros al pronunciar la Palabra sobre las emociones negativas que surgen en nuestro interior. Las mentiras no se irán por sí solas; tiene que ser resistidas activamente mientras confesamos las verdades de la Palabra.

Muchos creyentes todavía viven bajo la tiranía de las mentiras de Satanás de más de veinte o treinta años de que nacieran de nuevo, creyendo que su vida no tiene valor y que Dios los ha olvidado o rechazado. Otros optan por soportar la tormenta de las emociones negativas que surgen en su interior. Sin embargo, hay gran poder en la Palabra y no debemos dejar de aplicar las promesas de Dios frente al temor, la condenación o las emociones negativas. Podemos permanecer confiados a la vista de Dios porque Jesús pagó el precio por nuestro pecado y llevó nuestra condenación.

## ¿QUÉ PUEDO HACER?

Cada vez que un pensamiento negativo o condenatorio entre en su mente, confróntelo de inmediato con una promesa de la Escritura que declare lo contrario, el punto de vista de Dios sobre el asunto. Por ejemplo, en vez de verme a mí mismo desde un lugar con base en la vergüenza, por ejemplo, un fracaso condenatorio que parece no cambiar lo suficientemente rápido, yo pronuncio las palabras: "Dios me acepta y me ama libremente porque he recibido el don de la justificación a través de Cristo".

## PARA REFLEXIONAR

"Ahora, pues, ninguna condenación hay para los que están en Cristo Jesús" (Romanos 8:1).

> Señor, hoy pronuncio la Palabra sobre las emociones negativas que surgen dentro de mí. Estoy confiadamente ante ti a causa de Jesucristo.

_____

_____

_____

_____

_____

_____

_____

_____

_____

_____

_____

_____

_____

_____

# Día 24

## Obedezca su liderazgo

*Aquel que ha aprendido a orar, ha aprendido el secreto*
*más grande para una vida santa y feliz.*
—S. D. GORDON

EN RESUMEN, EL primer aspecto incluido en permanecer en Cristo es hablar con Jesús, y el segundo aspecto es poner en práctica la promesa de Dios para nuestra vida. Este es el tercer aspecto para permanecer en Cristo: obedecer su liderazgo, y no debemos minimizar esta parte vital de permanecer. Jesús dijo claramente que nuestra obediencia y nuestro amor están entrelazados (Vea Juan 14:21-23).

Hoy día, es muy popular minimizar la obediencia en nombre de la magnificación de la gracia de Dios. Algunos predican un mensaje de la gracia distorsionado que enfatiza la libertad de ser perdonado mientras debilita la necesidad de amar a Jesús con un espíritu de obediencia. Pero el mensaje bíblico de la gracia nunca minimiza la obediencia. El amor incondicional de Dios por nosotros requiere nuestra respuesta de amor incondicional por Él demostrado por la manera en que procuramos andar en obediencia a Él.

La Biblia nos dice que es el obediente, o el de corazón puro, quien verá a Dios (Mateo 5:8). Lo que significa es que ellos experimentarán más a Dios. El resultado de andar en pureza es que nuestra capacidad espiritual para sentir o experimentar el amor de Dios aumenta.

En resumen, permanecer en Cristo implica tres aspectos: hablar con Dios, poner en práctica sus promesas y obedecer su liderazgo. Algunos hablan con Jesús regularmente, pero no ponen en práctica sus promesas ni obedecen su liderazgo. Otros ponen en práctica su Palabra, pero descuidan hablar con Jesús regularmente. Otros más, buscan obedecer a Jesús, pero no ponen en práctica su Palabra. Algunos otros reclaman sus promesas, pero no centran su corazón en la obediencia a Él. Permanecer en Cristo requiere *todas estas tres* actividades, y el resultado es que el pueblo de Dios es facultado para llevar fruto que permanece y para llevar una vida transformada.

## ¿QUÉ PUEDO HACER?

Por ahora, podría mejorar en sintonizar su espíritu para que escuche los susurros de la voz de Dios, quieta y apacible. A medida que sienta sus indicaciones, sea rápido para obedecer lo que Dios le está guiando a hacer.

## PARA REFLEXIONAR

"El que tiene mis mandamientos, y los guarda, ése es el que me ama; y yo le amaré, y me manifestaré a él....El que me ama, mi palabra guardará; y mi Padre le amará, y vendremos a él, y haremos morada con él" (Juan 14:21-23).

*Señor, ayúdame hoy a permanecer en ti: a hablar contigo, poner en práctica tus promesas y obedecer tu liderazgo. Cuando me escondo en ti, entonces permanezco en ti.*

_____

_____

_____

_____

_____

_____

_____

_____

_____

## Día 25

# Una unión transformadora: Cristo en nosotros

*Si yo pudiera escuchar a Cristo orando por mí en la habitación contigua, no tendría temor de un millón de enemigos. Aunque la distancia no marca la diferencia. Él está orando por mí.*

—Robert Murray McCheyne

JESÚS HABLÓ DETALLADAMENTE sobre nuestra unión con Dios, la que nos lleva a nuestra transformación. Vemos dos elementos de esta unión transformadora en Juan 15:1-11: permanecemos en Cristo y Cristo permanece en nosotros. La primera idea, que nuestra vida está en Cristo, es conocida por la mayoría de nosotros, pero la verdad de que Cristo vive en nosotros muchas veces se pasa por alto.

Cristo permanece "vive" en nuestro espíritu *instantáneamente* cuando nacemos de nuevo, y Él permanece en nuestro corazón *progresivamente* cuando manifiesta su presencia en nuestra mente y emociones. En Juan 15, Jesús se refería a este segundo aspecto de permanecer. El apóstol Pablo oraba que Jesús permaneciera, o se quedara, en el corazón de los creyentes de Éfeso. Él escribió también de Cristo siendo formado en nuestro corazón (Gálatas 4:19). El Espíritu Santo quiere formar a Jesús en nuestro corazón, es decir, en nuestra personalidad.

Muchos conocemos el versículo: "He aquí, yo estoy a la puerta y llamo" (Apocalipsis 3:20). Se presenta a Jesús como tocando la puerta de nuestro corazón, muchas veces usamos este versículo con los no creyentes. Les preguntamos: "¿Quiere invitar a Jesús a que entre en su corazón?". Sin embargo, escrito de la manera en que lo fue para la iglesia de Laodicea, este versículo está principalmente dirigido a los creyentes. Jesús quería tener una relación más profunda con ellos y deseaba moverse en la vida de los creyentes de una manera más grande cuando le abrieran las puertas de su corazón. Durante su ministerio en la tierra, Jesús prometió que el Espíritu Santo fluiría como un río que brotaba del corazón de su pueblo para inspirar, dirigir y transformar su mente y emociones y ¡para ministrar con poder a otros a través de ellos!

## ¿QUÉ PUEDO HACER?

Jesús desea una relación más profunda con usted, así que procure acercarse al corazón de Él hoy hablándole suavemente durante de sus tareas diarias. Cada vez que Jesús toque a la puerta de su corazón, prácticamente diciendo: "pasemos un momento juntos", responda con un sí. Aun si está trabajando u ocupado con alguna tarea importante, hable con Él internamente y "adórelo" en silencio. Nunca volverá a tener esos momentos, así que haga que valgan la pena.

## PARA REFLEXIONAR

"...para que [Jesús] os dé, conforme a las riquezas de su gloria, el ser fortalecidos con poder en el hombre interior por su Espíritu; para que habite Cristo por la fe en vuestros corazones" (Efesios 3:16-17).

> *Señor, manifiesta tu presencia en mi corazón cada vez más para que el Espíritu Santo fluya como un río desde mi interior hacia aquellos que me rodean. Dame una señal cuando esté muy ocupado o distraído. Recuérdame que es momento de volver a conectarme contigo.*

---

---

---

---

---

## Día 26

# Vuélvase práctico

*No ore solo cuando tiene ganas. Haga una*
*cita con el Rey y no la cambie.*
—CORRIE TEN BOOM

COMPRENDO LAS DIFICULTADES que puede estar experimentando al desarrollar una vida consistente de oración porque yo también atravesé muchas de esas mismas dificultades. Pero, por la gracia de Dios, he podido mantener una vida consistente de oración durante más de treinta y cinco años. Mi consejo: tenga un plan de oración. Este es el plan de tres partes que yo uso hoy en día:

- Haga un horario para tiempos de oración con regularidad. Un horario establece *cuándo* va a orar.

- Haga un listado de oración. Un listado de oración le ayuda a concentrarse en aquello por lo *que* va a orar.

- Cultive un punto de vista correcto de Dios. Un punto de vista correcto de Dios hace que usted *quiera* orar.

Si usted adopta estos tres pasos sencillos, con el tiempo, su consistencia y su disfrute de la oración crecerán dramáticamente. Cuando yo luchaba en la universidad para establecer mi vida de oración, un líder me sugirió que programara un momento cada día y que hiciera un listado de oración. Él me aseguró que, al hacer estas dos cosas, mi vida de oración cambiaría con el tiempo. ¡Tenía razón! Al principio, no estaba seguro, pero el consejo que me dio funcionó.

Si usted programa un momento para orar y hace un listado de oración, orará diez veces más que ahora. He afirmado esto durante más de treinta años. Generalmente, la gente no lo cree, y algunos hasta lo refutan. No obstante, yo me apego a él porque he demostrado la verdad de ello en mi propia vida y he visto los resultados de otros que han aplicado el plan en su vida. Funcionará para usted también. Algunos se preguntarán "¡por qué no empecé esta práctica mucho antes!".

## ¿QUÉ PUEDO HACER?

Cree un diario de oración para escribir sus peticiones y pensamientos sobre lo que esté sucediendo en su vida. Asegúrese de ponerle fecha a sus oraciones. Luego, seis meses después, revíselo para ver cuántas de sus peticiones han sido respondidas.

## PARA REFLEXIONAR

"Mas tú mirarás a la oración de tu siervo, y a su ruego, oh Jehová Dios mío, para oír el clamor y la oración con que tu siervo ora delante de ti" (2 Crónicas 6:19).

*Señor, he luchado con orar consistentemente en el pasado; y, a veces, hasta lo he evitado. Sin embargo, con tu ayuda estoy aprendiendo a ver que "la oración sin cesar" es como respirar. Gracias por mostrarme que puedo hacerlo. Ayúdame a implementar esto en mi vida. Te pido gracia para intentarlo una y otra vez, sabiendo que si no logro la meta, aún puedo tener un sí en mi corazón para el día siguiente.*

_____

_____

_____

_____

_____

_____

## Día 27

# La disciplina no es legalismo

*Tenemos que orar con la mirada puesta en Dios, no en las dificultades.*
—OSWALD CHAMBERS

ALGUNAS PERSONAS ALEGAN que programar un tiempo de oración o usar un listado de oración es legalismo. Podría ser, pero no tiene que serlo. Entramos al legalismo cuando procuramos ganar el amor de Dios al orar o al obedecer las reglas. La buena noticia del evangelio es que no tenemos que ganarlo; Dios ofrece su amor y su gracia gratuitamente. La consistencia en la oración –hablar con el Señor regularmente y con enfoque– sencillamente nos sienta ante Él con más frecuencia, para que podamos experimentar su gracia gratuita a diario.

Programar un momento regular de oración no es un intento de ganarnos el amor de Dios; es un reflejo de nuestro deseo de tomar el control de nuestros horarios para que podamos priorizar la oración. Le insto a que no caiga en la antigua mentira que llama automáticamente a toda disciplina un "legalismo". Esa mentira ha robado mucho de la bendición de una vida de oración consistente. No tener un objetivo o ser pasivo y pensar solamente en el presente no es de lo que se trata la libertad en la gracia.

La gracia de Dios nos faculta para disciplinar nuestro tiempo, dinero y apetitos de una manera que cumpla con la voluntad del Señor para nuestra vida, haciendo que experimentemos más de su gracia y capacitándonos para encontrarnos con Él en una mejor manera. Lo que Jesús ofrece gratuitamente en la gracia y lo que experimentamos realmente, muchas veces, son dos cosas muy diferentes. ¡Quiero experimentar en mi vida diaria, de manera práctica, todo lo que Él me ofrece gratuitamente! Puedo lograr esto mejor cuando hago de hablar con Él una prioridad. Programar tiempo con Dios es una expresión de amor por Él y mi deseo por más.

## ¿QUÉ PUEDO HACER?

Programe diariamente un momento de oración regular y sea relista consigo mismo. Si usted tiene dificultad en las mañanas, tal vez ore mejor en la noche. Si usted es amante de la naturaleza, considere hablar con Dios mientras camina. Sea creativo.

## PARA REFLEXIONAR

"Porque vosotros, hermanos, a libertad fuisteis llamados; solamente que no uséis la libertad como ocasión para la carne" (Gálatas 5:13).

> *Padre, tu gracia me abruma. Gracias por lo que ofreces gratuitamente por gracia y que yo puedo experimentar realmente en mi vida. Te ruego que me libertes de cualquier atadura de legalismo y que abras mis ojos a tu hermosura y me muestres maneras diferentes en las que yo pueda expresarte mi amor.*

# Ame a nuestro Padre celestial

*Una vida que crece en su pureza y devoción será una vida más llena de oración.*
—E. M. Bounds

Mi PADRE TERRENAL y yo éramos buenos amigos. Él era mi hincha principal, y durante mi niñez, él me afirmaba constantemente. No había nadie más con quien yo disfrutara estar que con mi papá. Me gustaba estar con él porque sabía que él disfrutaba estar conmigo, y yo podía percibirlo.

Recuerdo cuando descubrí que yo le agradaba al Señor incluso más que a mi papá. Cuando vi esa verdad, quería estar con el Señor y hablar con él mucho más de lo que había deseado. ¡Es placentero hablar con alguien que realmente lo aprecia a uno!

Justo antes de que Jesús muriera, Él le hizo una petición sorprendente a su Padre. Pidió "que el mundo sepa que tu [el Padre]...y que los has amado [al pueblo de Dios] como me has amado a mí [Jesús]" (Juan 17:23). ¡Jesús quiere que sepamos que su Padre nos ama así como lo ama a Él! La oración de Jesús nos da a conocer el gran valor que tenemos ante los ojos de Dios. La revelación de que el Padre nos ama como ama a Jesús es una declaración profunda de nuestro valor para Él.

Pablo nos dice que hemos "recibido el Espíritu de adopción por el cual clamamos 'Abba, Padre'" (Romanos 8:15). En hebreo, *Abba* es un término de afecto por un padre, muy parecido a "Papá" en nuestra cultura; indica respeto, pero también afecto e intimidad. El entendimiento de Dios como "Papá" y el conocimiento de nuestra identidad como sus hijos adoptivos nos equipan para rechazar las acusaciones de Satanás de que somos fracasados sin esperanza.

Esta verdad, que Papá-Dios nos disfruta aun en nuestras debilidades, es un ancla estabilizadora que nos da confianza en la oración. Como hijos e hijas de Dios podemos acercarnos a su trono confiadamente y sin vergüenza ni duda.

## ¿QUÉ PUEDO HACER?

Practique llamando a Dios "Papá" en sus momentos de oración y hasta cuando converse con Él a lo largo del día. Solo vocalizar esa palabra con regularidad hará que usted lo vea en una forma diferente y se dé cuenta cómo lo ve Él a usted, como su hijo o hija. Busque pasajes en la Biblia que hablen de Dios siendo nuestro "Padre" y pídale al Espíritu Santo que empiece a darle más conocimiento del rol de Dios como Padre en su vida.

## PARA REFLEXIONAR

"El Señor se deleita en ti,…y como el novio se regocija por su novia, así se regocijará tu Dios por ti" (Isaías 62:4-5, RVA 2015).

*Padre, te ruego que me des una revelación nueva de ti como "Padre" en mi vida. ¡Oh, que yo pueda conocer tu amor más profundamente. Te ruego que pueda entender mejor el hecho de que tú, el Dios del universo, me haya adoptado como suyo y ¡que se deleite en mí! Papá, que pensamiento tan sorprendente es saber que te deleitas en mí. Claro está, yo no hice nada para merecer tu amor y tu deleite, y aun así, estoy profundamente agradecido de recibirlos.*

_____

_____

_____

_____

_____

## Día 29

# El Señor se deleita en usted

*¿Se pregunta si le agrada a Dios? Le diré: usted*
*es el objetivo mismo de su afecto.*
—Allen Hood

L A MANERA EN que vemos a Dios determina cómo nos acercamos a Él en oración. Si lo vemos como distante o enojado, no querremos orar mucho. Cuando vemos a Dios como un Padre tierno y a Jesús como un novio que desea que vengamos a Él en una relación profunda, entonces oraremos mucho más.

El Señor está levantando a una multitud de hombres y mujeres: cantantes, predicadores, evangelistas, escritores, intercesores, gente en el área laboral, por todo el mundo, quienes proclamarán que Dios se deleita en su pueblo. Entonces, para la gente de Dios se volverá normal incrementar su confianza en los afectos de Dios por ella en vez de retraerse en vergüenza como hacen muchos hoy día.

Muchos cristianos no imaginan a Dios como una persona que se deleita en su pueblo con un corazón de alegría. De hecho, creo que muchos ven a Dios mayormente como enojado o triste. Pero la verdad es que su corazón está lleno de gozo por nosotros (Sofonías 3:17), y apropiarnos de esta verdad poderosa nos ayudará a crecer en oración con mucha confianza.

## ¿QUÉ PUEDO HACER?

Proclamar las palabras de Sofonías 3:17 antes de orar. Decir en voz alta que el corazón del Padre está lleno de gozo por usted.

## PARA REFLEXIONAR

"Jehová está en medio de ti, poderoso, él salvará; se gozará sobre ti con alegría, callará de amor, se regocijará sobre ti con cánticos" (Sofonías 3:17).

*Señor, me acuerdo de que tú no eres como los padres terrenales, todos ellos son imperfectos. Sino que tú eres totalmente diferente. Gracias por deleitarte en mí, aun cuando no me siento agradable. Te ruego que me des más conocimiento de tu corazón como mi Padre, ayudándome a darme cuenta de que soy el objeto de tu afecto y deleite. Hoy, ruego que pueda conocer y experimentar el amor incondicional con el que tú me amas.*

## Día 30

# ¿Demasiado ocupado para orar?

*Como si pudiera matar el tiempo sin herir a la eternidad.*
—Henry David Thoreau

En Efesios 5, el apóstol Pablo desafió a los creyentes en Éfeso a usar su tiempo sabiamente, diciéndoles en el versículo 16 que "[aprovechemos] el tiempo porque los días son malos". Aprovechar nuestro tiempo es usarlo con el máximo cuidado para que podamos crecer en Dios y extender su reino. Implica fijar prioridades piadosas y sabias para el uso de nuestro tiempo.

Si no programamos nuestro tiempo, otros lo aprovecharán y terminaremos viviendo en la tiranía de lo urgente, entregándonos a cualquier oportunidad, evento social, necesidad o crisis que se nos presente en el momento. He conocido personas que han vivido en el capricho de todos y de todo lo que aparece en su camino. Sin embargo, cuando ven en retrospectiva, a lo largo de los años, admitieron tristemente que muchas de esas presiones, oportunidades y "asuntos urgentes" no habían estado conectados con su destino en Dios o las tareas que Él les había dado en la vida. *Viva por lo que importa, no por la tiranía de lo urgente.* El tiempo es un recurso no renovable en nuestra vida; una vez gastado, no podemos tenerlo de vuelta.

Establecer un tiempo para la oración es una manera en que podemos aprovechar nuestro tiempo; nuestro tiempo puede "adquirir" cosas eternas que duran para siempre. Podemos invertir nuestro tiempo de manera que dirija nuestros corazones a despertar de la muerte de la pasividad y a experimentar la luz de la presencia de Dios. Luego, seremos equipados para amar a Dios y a las personas de manera mucho más consistente. El uso de un tiempo concentrado es crítico para cualquiera que dese tener una vida fuerte de oración.

## ¿QUÉ PUEDO HACER?

Limpie el desorden de su vida y el tiempo desperdiciado en cosas sin importancia ni significado. Comprométase a "adquirir" cosas eternas a cambio. Tome un momento y piense en sus últimos días más recientes y las cosas que hizo. ¿Cuántas de esas cosas se hicieron bajo la "tiranía de lo urgente"? Comprometa un tiempo para sentarse realmente a escribir un horario con base a sus obligaciones en la vida, comprometa también su corazón para buscar al Señor. ¡Ambos son igualmente importantes!

## PARA REFLEXIONAR

"Mirad, pues, con diligencia cómo andéis, no como necios sino como sabios, aprovechando bien el tiempo, porque los días son malos" (Efesios 5:15-16).

*Padre, elijo aprovechar mi tiempo al máximo reuniéndome contigo a diario: para hablar contigo y escuchar tu voz. Al hacerlo, sé que estoy adquiriendo cosas eternas que durarán para siempre.*

_____

_____

_____

_____

_____

_____

_____

_____

_____

# Día 31

## Aislamiento sagrado

*Por lo tanto, ya sea que el deseo de orar esté o no en usted, vaya a su clóset al momento indicado; enciérrese en Dios; espere en Él y busque su rostro.*
—R. F. Horton

EL LLAMADO BÍBLICO al "aislamiento sagrado" nos permite incrementar nuestro amor. Nos energiza para amar a Dios y a amar a la gente a largo plazo. Estar conectados con Jesús a nivel del corazón, a través de la oración, es una cuerda salvavidas que nos permite sostener al ministerio de sanidad de los enfermos y hacer obras de justicia y compasión durante décadas sin agotarnos. Podemos entrar en este "aislamiento sagrado" en nuestro tiempo de oración privado, así como también cuando estamos en servicios de adoración pública. La clave es conectarse y hablar directamente con el Señor.

La oración nunca tuvo el propósito de tratarse solamente de pedir a Dios que nos dé cosas. Más bien, es un lugar de encuentro con Dios donde nuestro espíritu se energiza a medida que nuestro amor por Él incrementa. Nos prepara para amar a Dios y a las personas al recibir el amor de Dios como Padre y como Novio.

Podemos encontrar tiempo para orar cuando evitamos la tendencia a desperdiciar el tiempo en conversaciones absurdas, ver demasiada televisión, medios sociales, recreación o en un exceso de interacciones (para promover nuestros ministerios o el crecimiento de los negocios). Tenemos que negarnos a ciertas cosas, aun cuando sean buenas, para tener un momento y decir sí a crecer en la oración.

El tiempo para orar no aparecerá repentinamente en nuestros horarios. Tenemos que aprovecharlo al negarnos a algunas actividades y placeres legítimos. Podemos negarnos incluso a algunas cosas importantes en nuestra vida porque orar es lo más importante, incluso lo mejor. Lea lo que Jesús le dijo a Marta cuando ella quería que su hermana menor, María, dejara de estar sentada a los pies de Jesús para que le ayudara a preparar la comida: "Pero sólo una cosa es necesaria; y María ha escogido la buena parte, la cual no le será quitada" (Lucas 10:42).

## ¿QUÉ PUEDO HACER?

Programe tiempo para el aislamiento sagrado, ya sea en un tiempo privado de oración o en una adoración pública o reunión de oración. Incorpore deliberadamente tiempo para momentos con Dios, incluso si eso significa que tiene que negarse a otras cosas. De ese modo, el Señor no recibirá las sobras de su tiempo, energía, pasión, etc.

## PARA REFLEXIONAR

"Pero sólo una cosa es necesaria; y María ha escogido la buena parte, la cual no le será quitada" (Lucas 10:42).

*Señor, ayúdame a negarme a las actividades que desperdician el tiempo y a decir sí a más tiempo en oración. Como María, yo quiero elegir "la buena parte, la cual no me será quitada".*

_____

_____

_____

_____

_____

_____

_____

_____

_____

## Día 32

# Organícese

*La fe en escuchar a Dios en oración hará un*
*cristiano amante de la oración.*
—ANDREW MURRAY

**P**ARA ORGANIZAR MI propio tiempo de oración, usé tres tipos y tres temas de oración. Los tres tipos de oración son: *oración intercesora, peticiones personales y oración devocional.* (Veremos los tres temas en el devocional de mañana).

La intercesión es la oración por otros: personas, lugares y organizaciones. Dios ha ordenado la oración intercesora como un medio de liberar una medida mayor de su poder y bendición sobre individuos, familias, empresas, ministerios, iglesias y las diferentes esferas de la sociedad. Con la intercesión oramos por los enfermos, por amigos que están enfrentando dificultades y familias en crisis, por avivamiento en la iglesia, por justicia, por la salvación de quienes no conocen al Señor, por la transformación social, etc.

La petición personal es una oración para liberar la bendición y el favor de Dios por nuestra vida personal: nuestra familia, finanzas, ministerios, relaciones, salud y circunstancias. Este tipo de oración incluye orar por su salud física y protección y por su ministerio, así como también, por incremento financiero y bendición, favor en las relaciones, la apertura de nuevas puertas de oportunidad para impactar a otros, etc.

La oración devocional se centra en adorar a Dios y ser fortalecido por el Espíritu Santo para amar y obedecer más a Dios. Este tipo de oración incluye conectarse con Dios en adoración, meditación en la palabra (leyéndola en oración), y teniendo comunión con el Espíritu Santo (conocida también como oración contemplativa).

Orar por los enfermos es una forma de intercesión que no es optativa. La Escritura nos manda a orar por los enfermos y por los oprimidos (Mateo 10:8; Marcos 16:17; Santiago 5:14-15). Determine en su corazón orar diariamente por alguien que está enfermo por el resto de su vida. ¡El Señor quiere que su pueblo opere en el ministerio sobrenatural del Espíritu Santo como un estilo de vida!

## ¿QUÉ PUEDO HACER?

Piense en estos tres tipos diferentes de oración. ¿Ve alguna que esté faltando en su vida o que parezca más débil que las otras dos? Si es así, intente encontrar maneras para crecer en esa área esta semana. Conéctese con la cadena de oración de su iglesia, ya sea por teléfono, boletín o medios sociales. Lleve a cada persona enferma o afligida ante el Señor y espere que suceda lo sobrenatural.

## PARA REFLEXIONAR

"Sanad enfermos, limpiad leprosos, resucitad muertos, echad fuera demonios; de gracia recibisteis, dad de gracia" (Mateo 10:8).

*Padre, desde hoy, mi propósito es organizarme y abordar la oración como el máximo llamado que es. Me comprometo a orar por los enfermos, a interceder por otros, hacer peticiones y adorarte a medida que crezco en la oración.*

_____

_____

_____

_____

_____

_____

_____

_____

## Día 33

# Los tres temas a utilizar

*La Palabra de Dios es el alimento por el cual se nutre la oración.*
—E. M. BOUNDS

YO UTILIZO TRES temas de oración independientemente del tipo de oración que le ofrezca a Dios: liberación de *dones, frutos y sabiduría* del Espíritu Santo. La mayoría de las oraciones y promesas en la Biblia encaja en uno de estos temas generales de oración.

Orar por un mayor derrame de los *dones del Espíritu* implica orar por la liberación del poder de Dios, incluyendo su favor, provisión y protección sobrenaturales en nuestra vida y en la de las personas o lugares por los que oramos. Pablo les dijo a los creyentes en Corinto que la manifestación de los dones del Espíritu en nuestra vida era para el "provecho de todos" (1 Corintios 12:7-10).

Orar por una mayor liberación del *fruto del Espíritu* se refiere a pedir que el carácter de Dios sea formado en nuestra vida y en la vida de otros. Pedimos para que la llenura del fruto del Espíritu (Gálatas 5:22-23) sea establecida en nosotros y en aquellos por quienes oramos. Una de las formas principales en que oro por una persona para que tenga más fruto en su carácter es pedir al Señor que la redarguya y que le dé un espíritu de sabiduría y revelación de la persona de Dios.

Orar por un mayor derrame de *sabiduría del Espíritu* es pedir un incremento del entendimiento y conocimiento de los planes, la voluntad y la Palabra de Dios para nosotros y los demás. Seguimos el ejemplo de Pablo al orar por sabiduría espiritual y entendimiento para los creyentes a fin de que anden en una manera de acuerdo con el Señor y que lo complazca (Colosenses 1:9-10). Orar por sabiduría espiritual incluye pedir al Espíritu Santo sueños y visiones que le dé conocimiento a su voluntad para nuestra vida, así como sabiduría para sus planes estratégicos para una ciudad, nación, empresa, iglesia u otra organización.

Durante más de treinta años he usado estos tres temas como una "cuadrícula" para ayudarme a centrar mis oraciones por mí mismo y por los demás. Yo sé que a usted también le ayudará.

## ¿QUÉ PUEDO HACER?

Es muy fácil divagar en nuestras oraciones, pero esta es una manera en que usted puede concentrarse: use estos tres temas y ore por la liberación de dones, fruto y sabiduría del Espíritu Santo, en su vida y en la de otros, y en su iglesia local.

## PARA REFLEXIONAR

"Que... el Padre de gloria, os dé espíritu de sabiduría y de revelación en el conocimiento de él para que sepáis...cuál es la supereminente grandeza de su poder para con nosotros los que creemos" (Efesios 1:17-19).

*Señor, te pido por un mayor derrame de la revelación de Jesús y por una mayor medida de los dones del Espíritu, del fruto del Espíritu y de la sabiduría del Espíritu en mi vida.*

_____

_____

_____

_____

_____

_____

_____

_____

_____

_____

# Haga oraciones bíblicas

*Cuando la oración se ha vuelto secundaria, o casual, ha*
*perdido su poder. Los hombres de oración son aque-*
*llos que usan la oración como usan la comida o el aire.*
—M. E. ANDROSS

L E ANIMO A que escriba su listado de oración, ya sea en un
cuaderno o en su aparato electrónico y úsela en sus momentos de
oración. Como mencioné antes, oraremos con más frecuencia y con
mayor concentración si desarrollamos listados de oración y los llevamos a nuestros momentos de oración.

Cuando oro, generalmente uso oraciones que se encuentran en la
Biblia. Las oraciones de Jesús, Pablo, Pedro y otros están documenta-
das para nuestro beneficio. Las llamo oraciones apostólicas porque son
oraciones que hicieron Jesús y los apóstoles. Debido a que Dios nunca
cambia, sabemos que esas oraciones están en la voluntad de Dios.

Abajo, hay un vistazo a mi propio diario de oración. He provisto
solo unos "ejemplos" breves de mis oraciones para que usted pueda
tener una idea de cómo es un listado de oración más completo y desa-
rrollado. Mientras lee el listado de oración abajo, comprenda que puede
hacer todas las oraciones del ejemplo por cada persona en su listado.

(Por mi esposa, Diane, nuestros dos hijos y sus esposas e hijos):

> Fruto: Padre, desata sobre ellos un espíritu de convicción
> en mayor medida (Juan 16:8) y derrama tu amor en su
> corazón por el poder del Espíritu (Romanos 5:5). Lléna-
> los de amor por Jesús y por otros y del espíritu de temor al
> Señor (Filipenses 1:9).
>
> Sabiduría: Padre, concédeles a mis hijos sabiduría para
> conocer tu voluntad específica en cada área de su vida, sus
> ministerios, finanzas, relaciones, iniciativas de negocios,
> matrimonios y en la crianza de sus hijos (Colosenses 1:9-11).

Llena a Diane con el entendimiento de tu voluntad para su ministerio, negocio y como abuela (Colosenses 4:12).

Dones: Padre, dales sueños proféticos y visiones a Diane, a mis hijos, a la esposa de cada uno y a sus hijos (Hechos 2:17). Desata el espíritu de gloria y poder de Dios en su vida y a través de sus palabras. Te pido salud física para ellos. Concédeles favor en las relaciones y en el trabajo y protégelos del ataque del enemigo y de toda enfermedad y ataques financieros...

## ¿QUÉ PUEDO HACER?

Mencione a cada uno de los miembros de su familia por nombre, y pida al Señor que imparta dones, frutos y sabiduría del Espíritu Santo para cada uno. Revise su diario de oración en unos meses para ver cómo han cambiado las vidas de ellos.

## PARA REFLEXIONAR

"Nosotros,... no cesamos de orar por vosotros, y de pedir que seáis llenos del conocimiento de su voluntad en toda sabiduría e inteligencia espiritual, para que andéis como es digno del Señor, agradándole en todo" (Colosenses 1:9-10).

*Señor, vengo ante ti usando precisamente las mismas oraciones que movieron tu corazón en los días antiguos cuando, por primera vez, te las entregaron los apóstoles por medio del Espíritu Santo.*

_____

_____

_____

_____

_____

_____

## Día 35

# Cinco pasos para una oración eficaz

(PASOS 1 AL 3)

*Antes de ofrecer una palabra de petición, debemos tener una conciencia*
*precisa y vívida de que estamos hablando con Dios, y deberíamos creer*
*que Él escucha nuestra petición y va a conceder lo que le pedimos.*
—R. A. TORREY

**A**HORA QUE SABEMOS lo que es la oración, la razón por la que
oramos, cómo garantizar que nuestras oraciones serán eficaces
y cuáles son los tipos principales de oración: intercesión, petición
personal y oración devocional, consideremos los cinco "pasos" que
debemos tomar cuando *oramos*. Tomar estos pasos garantizará que
estamos siguiendo el paradigma bíblico o perspectiva para la oración.

Aunque no hay un lugar en la Escritura que nos provea de una
fórmula paso a paso de cómo orar, creo que cuando estudiemos la
enseñanza completa de la Escritura, descubriremos que estos cinco
pasos son parte del proceso. Estos nos ayudarán a crecer en oración y
a entender cómo se relaciona la perseverancia con recibir respuestas
para nuestras oraciones.

**Paso 1: Verbalice su petición a Dios.** Muchas veces, la gente piensa
en todas las cosas que necesita o quiere, pero nunca *ora* realmente por
ellas. Para tales personas, las palabras del apóstol Santiago son adecua-
das: "No tenéis lo que deseáis, porque no pedís" (Santiago 4:2).

**Paso 2: Reciba sus peticiones en el ámbito espiritual.** Cuando
oramos según la voluntad de Dios, sabemos que Él escucha y aprueba
la petición, así podemos creer confiadamente que *lo hemos recibido*
*en el ámbito espiritual.* Recibimos nuestras oraciones de dos maneras.
Primera: las recibimos en el ámbito espiritual, y luego, las tenemos
en el natural, cuando las vemos con nuestros ojos. Sin embargo,
antes de que las recibamos en el espíritu, Dios tiene que escuchar y
aprobar nuestras oraciones. Recuerde, muchas peticiones de oración

circunstanciales no están prometidas en la Escritura, así que, a veces, no podemos estar seguros de que el Señor haya aprobado nuestra petición hasta que Él la responde.

**Paso 3: Crea que recibirá lo que pidió.** Jesús habló de la necesidad de creer primero que recibiremos lo que pedimos (en el ámbito espiritual) como la condición para recibirlas en lo natural, el ámbito terrenal. Cuando pedimos algo en la voluntad de Dios, debemos creer que tenemos "el título de propiedad" de nuestra respuesta (la recibimos en el ámbito espiritual) y que, en el tiempo preciso, la respuesta se manifestará en el ámbito natural.

Mañana veremos los pasos 4 y 5.

## ¿QUÉ PUEDO HACER?

Cuando ore hoy, visualícese como dueño del "título de propiedad" de sus respuestas en el ámbito espiritual. Crea que en el tiempo adecuado verá las respuestas manifiestas en el ámbito natural.

## PARA REFLEXIONAR

"Por tanto, os digo que todo lo que pidiereis orando, creed que lo recibiréis [en el espíritu], y os vendrá [en lo natural]" (Marcos 11:24, corchetes añadidos).

*Señor, gracias porque cada oración que está de acuerdo con tu Palabra y tu corazón es una oración cuya respuesta ya he recibido de tu parte en el ámbito espiritual.*

_____

_____

_____

_____

_____

_____

## Día 36

# Cinco pasos para una oración eficaz
### (Pasos 4 y 5)

*La oración es debilidad que se apoya en la omnipotencia.*
—W. S. Bowd

Tenemos que estar conscientes de la diferencia entre el ámbito espiritual y el natural para entender cómo funciona la oración. ¿Cómo pasan nuestras peticiones del ámbito espiritual al natural? A través de la oración santa, perseverante y confiada.

**Paso 4: Recuérdele a Dios su Palabra.** Este cuarto paso es esencial. Debemos recordarle consistentemente al Señor lo que nos prometió y lo que ya nos ha dado en el ámbito espiritual, como el profeta Isaías deja en claro: "Ustedes, los que invocan al Señor, no se den descanso; ni tampoco lo dejen descansar, hasta que establezca [lo que prometió]" (Isaías 62:6-7, NVI, corchetes añadidos).

En oración, presentamos nuestro caso y le recordamos a Dios su Palabra y lo que ya nos ha dado en el ámbito espiritual en Cristo o lo que ha prometido darnos con relación a nuestras circunstancias personales. (Vea Isaías 43:26). Le recordamos a Dios sus promesas y le agradecemos habérnoslas dado ya en el espíritu y por la seguridad de que se manifestarán en lo natural en el tiempo de Dios. Cuando le recordamos a Dios continuamente sus promesas con acción de gracias, nos preparamos para recibirlas en el ámbito natural.

**Paso 5: Reciba lo que ha pedido en el ámbito natural.** Las oraciones que están en la voluntad de Dios siempre serán respondidas en el tiempo de Dios y a la manera de Dios, así que no se rinda muy rápidamente ni se desanime si la respuesta a su oración se retrasa. Hay razones por las que Dios retrasa las respuestas, como lo veremos adelante. Repito, debemos recibir cada petición *dos veces*: primero en el espíritu y luego, con el tiempo, en lo natural. Dios no siempre da su respuesta como un derrame gigante de bendición. A veces, la respuesta llega por etapas, con el pasar de los meses, años o hasta décadas.

Podemos confiar en su liderazgo maravilloso en el tiempo y método en que Él responde nuestras oraciones. No es nuestra responsabilidad ajustar el tiempo o las circunstancias de nuestra bendición esperada; sencillamente debemos ser fieles y pacientes en oración.

## ¿QUÉ PUEDO HACER?

Recuérdele a Dios su Palabra, especialmente mientras el tiempo pasa y usted no ve su respuesta en el horizonte. Aférrese. Traiga las promesas a la memoria de Dios, reciba sus respuestas en el ámbito espiritual, y espere pacientemente. ¡Su respuesta llegará!

## PARA REFLEXIONAR

"Hazme recordar, entremos en juicio juntamente" (Isaías 43:26).

*Señor, hoy te recuerdo tus promesas para mí y recibo cada una de ellas, primero en el espíritu y, con el tiempo, en lo natural según tu tiempo perfecto.*

_____

_____

_____

_____

_____

_____

_____

_____

_____

## Día 37

# ¿Por qué retrasa Dios las respuestas?

*He pasado postrado en el suelo durante días o semanas*
*enteras en oración silenciosa o en voz alta.*
—George Whitefield

Una de las preguntas más comunes que los cristianos hacen sobre la oración es por qué Dios retrasa las respuesta a las oraciones, en especial cuando parecen estar claramente de acuerdo con su voluntad. Varios factores podrían contribuir al retraso, incluyendo el tiempo de Dios, la resistencia demoníaca, el libre albedrío del ser humano, el deseo del Señor en asociarse con su pueblo y el valor que Él le da a que estemos en unidad con su corazón y los unos con los otros. Consideremos brevemente algunos de estos factores:

+ El tiempo de Dios muchas veces es muy diferente al nuestro.

+ La resistencia demoníaca puede provocar retrasos en que recibamos una respuesta a la oración. La resistencia se remueve cuando luchamos persistentemente contra los poderes demoníacos (Efesios 6:12, Daniel 10:13).

+ El ser humano puede usar su libre albedrío para hacer el mal, y Dios podría permitirlo por algún tiempo. Así, la respuesta a nuestras oraciones es aparentemente retrasada, pero solo hasta que el Señor quite los obstáculos causados por las acciones malas.

+ El Señor desea asociarse con su pueblo, así que nos anima a perseverar en oración.

+ A veces Dios espera para liberar la respuesta a la oración hasta que su pueblo está con Él en justicia y en unidad unos con otros en humildad y amor.

La combinación exacta de estos factores es algo misterioso, así que debemos confiar en el liderazgo sabio y amoroso de Jesús en lo que respecta a la razón por la que las oraciones que están de acuerdo con la voluntad de Dios son retrasadas o aparentemente no respondidas del todo.

## ¿QUÉ PUEDO HACER?

Recuerde que los caminos de Dios son más altos que los suyos. A veces, una respuesta se retrasa porque el Señor quiere llevar algo mejor en su tiempo perfecto.

## PARA REFLEXIONAR

"Mas el príncipe del reino de Persia se me opuso durante veintiún días; pero he aquí Miguel, uno de los principales príncipes, vino para ayudarme, y quedé allí con los reyes de Persia" (Daniel 10:13).

*Señor, cuando recuerdo que tu tiempo para responder mis oraciones muchas veces es diferente al mío, aunque siempre llegas justo a tiempo, me quedo en paz porque confío en tu liderazgo.*

_____

_____

_____

_____

_____

_____

# Está en buena compañía

*Nuestras oraciones señalan la vía por donde puede venir el poder de Dios. Como una locomotora poderosa, cuyo poder es irresistible, pero no puede alcanzarnos si no hay rieles.*
—WATCHMAN NEE

NO SIEMPRE ESTAMOS seguros de que lo que Dios ha prometido será completamente liberado en esta era con relación a nuestras circunstancias; lo que Él liberará parcial y progresivamente ahora y lo que liberará completamente en la edad venidera. Sin embargo, podemos estar seguros de esto: Dios es amoroso y fiel, su Palabra es verdadera y Él responde la oración. Por lo tanto, debemos cuidarnos de no rendirnos y caer en la incredulidad cuando nuestras oraciones no son respondidas en el tiempo que nosotros elijamos.

Abundan los ejemplos de las respuestas retrasadas en la vida de todos los creyentes, incluyendo los héroes de la fe como E. M. Bounds, Hudson Taylor, Andrew Murray, William Carey y Charles Spurgeon. Un gran hombre de Dios, George Müller, oró a diario por cincuenta y dos años por un ser querido para que fuera salvo. La respuesta a su oración llegó poco después de la muerte de Müller.[3]

Nuestras peticiones de oración pasan del ámbito espiritual al natural a través de la oración santa, perseverante y confiada. Muchas personas se rinden muy rápidamente. Ofrecen sus oraciones un par de veces y luego se desaniman, pasan a otras cosas en vez de perseverar. Perseverar en oración es recordarle a Dios continuamente lo que Él ya nos ha dado y lo que promete que aún nos dará, y pedirle continuamente que manifieste la medida total de cada bendición en lo natural.

Si comprendemos la diferencia entre recibir nuestras peticiones en los ámbitos naturales y espirituales, entonces veremos el valor de la oración perseverante. Saber cómo funciona la oración nos dará el valor para levantarnos y pedir y seguir pidiendo hasta que recibamos lo que el Señor tiene para nosotros.

## ¿QUÉ PUEDO HACER?

No se dé por vencido en sus oraciones. Muéstrele a Dios que usted tiene "aferrositis" al perseverar en oración, recordándole sus promesas, y luego esperando con fe activa: el tipo de fe que vive "como si".

## PARA REFLEXIONAR

"Alégrense en la esperanza, muestren paciencia en el sufrimiento, perseveren en la oración" (Romanos 12:12, NVI).

*Señor, a veces me frustro cuando no veo una respuesta a mis oraciones, pero sé que tú eres fiel y que tus caminos son más altos que los míos. ¡Ayúdame a perseverar en la oración! Señor, te ruego que me ayudes a ver el panorama general y que tú eres fiel. Enséñale a mi corazón a confiar en tu liderazgo y a no desmayar sobre la cantidad de tiempo que pase antes de que vea la respuesta a mis oraciones.*

_____

_____

_____

_____

_____

_____

_____

_____

## Día 39

# La Palabra pronunciada desata poder

*Debemos empezar a creer que Dios, en el misterio de*
*la oración, nos ha confiado una fuerza que puede mover*
*el mundo celestial y bajar su poder a la tierra.*
—ANDREW MURRAY

SERÍA IMPOSIBLE PARA mí enfatizar demasiado la importancia de la oración intercesora. ¿Por qué? Porque Dios ha elegido la intercesión como el medio principal para liberar su poder en la tierra. La Escritura deja en claro que la intercesión es una de las actividades centrales en el reino de Dios, tanto ahora como en la era venidera.

El hecho de que Jesús, el divino Hijo de Dios, intercede revela cuán importante es la intercesión. Jesús es completamente Dios y completamente humano, la segunda persona de la Trinidad, y aun así, Él intercede y libera el poder del Padre. Él continuará intercediendo dentro de un millón de años.

Vemos la obra de Jesús en la frase "y Dios dijo" once veces en Génesis 1 (RVR1960). El principio fundamental de la intercesión es que los planes del Padre fueron pronunciados por Jesús, y luego, el Espíritu Santo liberó poder. David escribió que "por la palabra del Señor fueron hechos los cielos" (Salmo 33:6). El apóstol Juan confirmó el papel de Jesús en la creación cuando escribió: "Todas las cosas fueron hechas por él [Jesús], y sin él nada de lo que ha sido hecho, fue hecho" (Juan 1:3).

El Padre ha ordenado que sus ideas deben ser pronunciadas, y cuando son pronunciadas, el Espíritu libera poder. Una ley fundamental del reino es que el Espíritu se mueve en respuesta a la pronunciación de la Palabra de Dios por parte de su pueblo. Ya sea Jesús hablando sobre los cielos sin forma y sobre la tierra en la creación, o nosotros intercediendo por avivamiento en una reunión de oración, el poder de Dios es liberado a través del principio de la intercesión, decirle a Dios su Palabra.

## ¿QUÉ PUEDO HACER?

Tome la intercesión en serio y dígale a Dios su Palabra, declarando que su reino viene a las situaciones y a la gente sobre la tierra y tal como lo está en el cielo.

## PARA REFLEXIONAR

"Dios,... en estos postreros días nos has hablado por el Hijo,... por quien asimismo hizo el universo; el cual, siendo el resplandor de su gloria, y la imagen misma de su sustancia, y quien sustenta todas las cosas con la palabra de su poder"... (Hebreos 1:1-3).

*Señor, ya que tú has elegido la intercesión como el medio principal para liberar tu poder en la tierra, te agradezco el honor y el privilegio de asociarme contigo en intercesión.*

# Día 40

# Sus palabras en nuestra boca

*[La oración] puede llevarse a cabo mejor después de que el hombre interior ha sido nutrido por la meditación en la Palabra de Dios. A través de su Palabra, nuestro Padre nos habla, nos anima, nos consuela, nos instruye, nos humilla y nos reprueba.*
—George Müller

COMO PARTE DE nuestra armadura espiritual, tenemos la espada del Espíritu, que es la Palabra de Dios. Es un arma poderosa cuando se pronuncia y libera contra las tinieblas. En el estímulo de Pablo a los efesios para que fueran fuertes en Dios y en el poder de su fuerza, él escribió: "Vestíos de toda la armadura de Dios, para que podáis estar firmes contra las asechanzas del diablo.... Y tomad,...la espada del Espíritu, que es la palabra de Dios; orando en todo tiempo" (Efesios 6:11, 17-18).

Cuando fue tentado por Satanás, Jesús pronunció la Palabra de Dios, la cual salió como una espada que impactó el dominio de Satanás (Mateo 4:3-7). Cuando pronunciamos la Palabra de Dios, podemos liberar fortaleza en el corazón de un amigo. Podemos llamarlo "ánimo" porque le da valor o fuerza. Nuestra oración es la manera de Dios para liberar su poder de manera que ese amigo pueda superar la condenación o el desánimo o las pruebas de esta vida. Una manera en que crecemos en la oración es cuando pronunciamos la Palabra de Dios contra las mentiras de Satanás que atacan nuestro corazón.

## ¿QUÉ PUEDO HACER?

Recite frecuentemente todo el pasaje de la "armadura de Dios" de Efesios 6, y mientras dice cada parte de la armadura, piense como si estuviera poniéndosela. Tome esa armadura en serio y úsela para sus oraciones por usted y por los demás.

## PARA REFLEXIONAR

"He aquí he puesto mis palabras en tu boca. Mira que te he puesto en este día sobre naciones y sobre reinos, para arrancar y para destruir,... para edificar y para plantar" (Jeremías 1:9-10).

> *Padre, por la gracia de Dios, estoy decidido a poner tus palabras en mi boca y a decir lo que tú digas acerca de las circunstancias que me rodean. ¡Qué privilegio es asociarme contigo para establecer tu reino sobre la tierra!*

_____

_____

_____

_____

_____

_____

_____

_____

_____

_____

_____

_____

_____

_____

_____

_____

# La intercesión profundiza nuestra intimidad con Dios

*Aquellos que conocen la paz profunda de Dios que sobrepasa todo entendimiento, siempre son hombres y mujeres de mucha oración.*
—R. A. TORREY

LA INTERCESIÓN TIENE muchos beneficios por encima de una gran liberación del poder de Dios a los demás. Durante los próximos años veremos los beneficios clave que la oración concede al intercesor. La intercesión nos acerca a la intimidad, transforma nuestro corazón, nos une en comunidad, renueva nuestra fe, nos retorna una bendición multiplicada, y nos da una herencia en la gente y los lugares por los que oramos. Veamos el primer beneficio: la intercesión profundiza la intimidad y los guía a la transformación.

La intercesión nos ayuda a crecer en nuestra intimidad con Dios y transforma nuestro corazón haciendo que internalicemos la Palabra de Dios cuando se la repetimos a Él en oración. Ya que las palabras de Jesús son espíritu y vida (Juan 6:63), tienen el poder para impartirnos vida cuando las pronunciamos. Cada vez que repetimos lo que Dios dice, nuestro corazón queda "marcado" y nos cambia en pequeña medida porque recibimos una impartición breve de la vida de Dios. Esto renueva progresivamente nuestro pensamiento y ablanda nuestro corazón.

Visualícelo como un programador de computadoras que escribe muchas líneas de códigos al desarrollar un programa de computación. En lo espiritual, estamos haciendo algo similar a eso. Escribimos "una línea de código" en nuestro corazón cada vez que repetimos la Palabra de Dios en oración. Marca nuestro corazón aunque no podamos medir exactamente el cambio en semanas o meses. Con el paso de los años, el cambio en nuestro interior es profundo.

Nuestras oraciones por los demás impacta nuestro corazón más de lo que podemos identificar. Quizá no sintamos nada cuando oremos por una nación remota. Sin embargo, hay un impacto acumulado en nuestra vida que muchas veces pasa desapercibido.

Animo a los principiantes en la oración o a quien no haya sido consistente en la oración a empezar hoy; dé pasos pequeños en su recorrido hacia el crecimiento en oración y observe lo que Dios hará en su vida.

## ¿QUÉ PUEDO HACER?

Escriba nuevas líneas de código en su corazón hoy al repetir la Palabra de Dios en oración. Mientras lo hace, observe cómo aumenta su fe y la manera en que una audacia santa llena su espíritu.

## PARA REFLEXIONAR

"Las palabras que yo [Jesús] os he hablado son espíritu y son vida" (Juan 6:63).

> *Señor, estoy dispuesto y preparado para dar pasos pequeños en mi recorrido de crecimiento en la oración. Al dar un paso de fe, confío en que me escuchas y recuerdas mis oraciones, y ¡tocas mi corazón en el proceso!*

_____

_____

_____

_____

_____

_____

## Día 42

# La intercesión aumenta el entendimiento

*Ninguna otra actividad en la vida es tan importante como la oración.*
*Casi toda actividad depende de la oración para tener mayor eficacia.*
—M. E. ANDROSS

LA INTERCESIÓN LIBERA conocimiento espiritual (Efesios 1:17). Así como Daniel oraba persistentemente, Gabriel lo visitaba y le daba "espíritu de sabiduría y revelación" de las cosas espirituales:

> Aún estaba hablando y orando,... y derramaba mi ruego delante de Jehová aún estaba hablando en oración, cuando el varón Gabriel, diciendo: "Daniel, ahora he salido para darte sabiduría y entendimiento. Al principio de tus ruegos fue dada la orden, y yo he venido para enseñártela, porque tú eres muy amado....entiende la visión".
> —DANIEL 9:20-23

Pablo rogaba que los santos tuvieran mayor entendimiento:

> Para que el Dios de nuestro Señor Jesucristo, el Padre de gloria, os dé espíritu de sabiduría y de revelación en el conocimiento de él, alumbrando los ojos de vuestro entendimiento, para que sepáis...
> —EFESIOS 1:17-18

Cuando pasamos tiempo en la presencia del Padre, no solo somos transformados, sino que nuestra sabiduría y entendimiento de lo espiritual incrementa. No sé si para usted, pero para mí eso es una misión digna: una que promete no solo cumplir los anhelos de nuestro corazón, sino transformarnos a la imagen de Dios.

## ¿QUÉ PUEDO HACER?

Pídale al Padre que incremente su comprensión espiritual del corazón del Señor y el discernimiento de su voluntad y sus caminos.

Cuando practique usar este "músculo", notará que su discernimiento de lo espiritual se hace más agudo.

## PARA REFLEXIONAR

"Y esto pido en oración, que vuestro amor abunde aún más y más en ciencia y en todo conocimiento" (Filipenses 1:9).

*Señor, revélame tu amor por mí e imparte más amor en mí para ti, te ruego que cambies mi corazón para que yo pueda amarte más profundamente. Dame más sabiduría para que pueda entender mejor lo espiritual. Quiero ser transformado por tu Espíritu que habita en mí.*

_____

_____

_____

_____

_____

_____

_____

_____

_____

_____

_____

_____

_____

## Día 43

# La intercesión nos une
# en una comunidad

*Quien tiene intimidad con Dios, nunca será*
*intimidado por los seres humanos.*
—Leonard Ravenhill

La intercesión libera el poder y la justicia de Dios mientras cambia la atmósfera espiritual de las ciudades (Lucas 18:8). Además une nuestro corazón al de las personas y lugares por los que oramos. Creceremos para amar a las personas y lugares por los que oramos. Adicionalmente, amaremos a aquellos con quienes oramos consistentemente. Es imposible orar por o con alguien regularmente sin que, con el tiempo, sintamos amor por esa persona. Tal como Juan Calvino escribió: "Interceder por las personas es la manera más poderosa y práctica en la que podemos expresar nuestro amor por ellos".[4] La intercesión une a las personas, y es una expresión práctica del amor por la gente pues produce liberación para los necesitados y une nuestro corazón con el de las personas y lugares por los que oramos.

Otro beneficio profundo de la intercesión es que renueva nuestra fe cuando decimos la Palabra de Dios en oración. Hacer oraciones bíblicas incrementa nuestra fe para esperar un avivamiento. El hecho mismo de orar la Palabra resulta en el fortalecimiento de nuestra fe por las promesas por las que hemos orado. Usted hallará que su fe se hace más y más fuerte a medida que desarrolla la práctica de repetir al Padre la Palabra en intercesión.

## ¿QUÉ PUEDO HACER?

Pregúntele al liderazgo de su iglesia si tienen un tiempo programado cuando el cuerpo completo pueda unirse en oración corporativa, una reunión de oración intercesora donde tienen como objetivo levantar a la comunidad en la que Dios lo ha colocado. Si no fuera posible, invite a dos o tres amigos de oración a acompañarlo durante un día y noche de "vigilantes del muro" (vea Isaías 62:6) en oración intercesora.

## PARA REFLEXIONAR

"...por vuestra oración esto resultará en mi liberación" (Filipenses 1:19).

> *Señor, a medida que repito tu Palabra en oración, me regocijo en ver mi fe renovada, en el fortalecimiento de mi amor por los demás y mis oraciones respondidas. Me deleito en unirme con tu corazón para ver avivamiento en mi ciudad.*

---

---

---

---

---

---

---

---

---

---

---

---

---

## Día 44

# La intercesión multiplica las bendiciones

*Las personas que oran son los delegados de Dios; ellos*
*hacen la obra de Dios y llevan a cabo sus planes.*
—E. M. Bounds

L a intercesión por los demás hace que las bendiciones multiplicadas vuelvan a la vida de la familia del intercesor. Cada oración
de bendición por otra persona es una oración que Dios le devuelve
a usted y a sus seres queridos. Jesús prometió: "Dad, y se os dará;
medida buena, apretada, remecida y rebosando darán en vuestro
regazo; porque con la misma medida con que medís, os volverán a
medir" (Lucas 6:38).

La ley del reino requiere que siempre recibamos más de lo que
damos. La medida que damos en oración por los demás se nos volverá
a medir". Esta es una de mis promesas favoritas sobre la oración. No
importa por quién oramos. Incluso cuando oramos por nuestros
enemigos, como Jesús nos ordena hacer, terminamos siendo bendecidos por las oraciones que hacemos por ellos.

Cuando oramos por nuestros enemigos, somos forzados a lidiar
con nuestras malas actitudes y a poner nuestro espíritu en orden.
Además nos convertimos en los receptores de nuestras oraciones. Por
ejemplo: cuando oramos para que el espíritu de sabiduría sea desa-
tado sobre nuestros enemigos, nosotros también recibimos sabiduría.

El principio de bendiciones multiplicadas aplica a todo lo que
hacemos en la voluntad de Dios, ya sea que ofrezcamos oraciones,
demos dinero o misericordia, o sirvamos a la gente en cosas pequeñas. El Señor multiplica la bendición para nosotros al cien por uno.
Nunca, jamás, podremos dar más que Dios. Cada oración inspirada
por el Espíritu que hacemos será "devuelta" a nosotros y a nuestros
seres queridos.

## ¿QUÉ PUEDO HACER?

Proponga en su corazón dar con un espíritu de generosidad alegre, confiando en que nunca puede dar más que Dios. Encuentre a alguien con una necesidad especial y dele un regalo anónimo.

## PARA REFLEXIONAR

"No hay ninguno que haya dejado casa, o hermanos, o hermanas, o padre, o madre, o mujer, o hijos, o tierras, por causa de mí y del evangelio, que no reciba cien veces más ahora en este tiempo;...y en el siglo venidero la vida eterna" (Marcos 10:29-30).

*Señor, gracias por tu magnífica generosidad y tu atención para multiplicar todo lo que se te da en amor. ¡Es tan glorioso que nunca podamos dar más que tú! Señor, gracias porque tus ojos están sobre mí y que nada se te pasa por alto. Oro por fe y expectativa para ver un fruto de las cosas que he sembrado en secreto.*

_____

_____

_____

_____

_____

_____

_____

_____

_____

# La intercesión nos da herencia

*Si queremos ver maravillas poderosas forjadas en vez de debilidad y fracaso, respondamos al desafío de Dios: "¡Clama a mí y yo te responderé y te mostraré cosas grandes y poderosas que tú no conoces!".*
—Hudson Taylor

La intercesión nos da una "herencia" en la gente y los lugares por los que oramos. Tenemos una inversión espiritual con un sentido de propiedad, así como bendición eterna y gozo en todos los lugares y las personas por las que oramos y a quienes servimos regularmente.

> Porque ¿cuál es nuestra esperanza, o gozo, o corona de que me gloríe? ¿No lo sois vosotros, delante de nuestro Señor Jesucristo, en su venida? Vosotros sois nuestra gloria y gozo.
> —1 Tesalonicenses 2:19-20

Esta herencia empieza en esta era y continúa en la siguiente. Cuando oramos por Egipto, Japón, Irán u otra nación, nuestras oraciones desatan bendición sobre esa nación. Desatan bendición sobre nosotros y nuestras familias también y recibimos una herencia en lo que sucede en ese país, en esta era y en la que está por venir.

Nuestra herencia en intercesión tiene un impacto de largo plazo. Nuestras oraciones por la gente y las ciudades tienen un impacto tanto en la actualidad como en el futuro. Las oraciones de los santos de la historia están almacenadas en una copa cerca del trono de Dios y tienen un impacto en los tiempos finales (Apocalipsis 5:8, 8:1-6).

## ¿QUÉ PUEDO HACER?

Este es otro ejercicio para su diario de oración: escriba la "herencia" que tiene en la gente y en las situaciones por las que ora. Revise periódicamente (porque el tiempo pasa muy rápido) para ver la manera en que el Señor le ha respondido y bendecido en relación con las oraciones que ha hecho, pues son una inversión verdadera en los demás.

## PARA REFLEXIONAR

"Pídeme, y te daré por herencia las naciones" (Salmo 2:8).

*Padre, reclamo la herencia que tengo en la gente y los lugares por los que oro. Qué Dios tan maravilloso eres: Tú me permites participar contigo en llevar a cabo el cumplimiento de tus propósitos sobre la tierra. Te agradezco por darme tu sentir por las diferentes naciones. Te ruego que a medida que avanzo en esta temporada, empieces a abrir mi corazón aún más para orar por ellos más estratégicamente. Gracias porque tienes tanto en tu corazón para ellos y lo compartes conmigo cuando los levanto a ellos en oración.*

_____

_____

_____

_____

_____

_____

_____

_____

_____

_____

_____

_____

## Día 46

# Oraciones apostólicas de la Biblia

*La oración no cambia el propósito de Dios. Pero
la oración sí cambia la acción de Dios.*
—CHUCK SMITH

CUANDO INTERCEDO, CASI siempre uso las oraciones que están en la
Biblia. Las oraciones que Jesús, Pablo y Pedro hicieron están registradas para nuestro beneficio. Me refiero a ellas como las "oraciones
apostólicas" porque son las que Jesús hizo como nuestro apóstol principal (Hebreos 3:1) y las que el Espíritu Santo les dio a los apóstoles que
eran sus seguidores. A continuación hay algunos ejemplos:

+ Hechos 4:24–31 (Oración por la impartición del
  denuedo del Espíritu Santo junto con un incremento
  de señales y maravillas)

+ Romanos 15:5–7 (Oración para la unidad de la iglesia en toda la ciudad)

+ Romanos 15:13 (Oración para ser llenos de gozo,
  paz y esperanza sobrenaturales)

+ Romanos 10:1 (Oración para que Jesús salve a Israel)

+ 1 Corintios 1:4–8 (Oración para ser enriquecido
  con los dones sobrenaturales del Espíritu Santo, en
  dirección a la rectitud)

+ Efesios 1:17–19 (Oración para recibir la revelación
  de la hermosura de Jesús, para ver cuán grandemente valora Él a su pueblo y su legado, y para andar
  en una mayor medida del poder de Dios)

+ Efesios 3:16–19 (Oración por el fortalecimiento
  sobrenatural del corazón y una experiencia más
  profunda del amor de Dios)

- Filipenses 1:9–11 (Oración para que el amor de Dios abunde en nuestro corazón, dando como resultado discernimiento y un compromiso profundo con la rectitud)

- Colosenses 1:9–12 (Oración para conocer la voluntad de Dios, para ser fructíferos en el ministerio y fortalecidos por la intimidad con Dios mientras hacemos la obra del reino)

- 1 Tesalonicenses 3:9–13 (Oración para una unción en la eficacia ministerial para fortalecer a los creyentes para que ellos abunden en amor y santidad)

- 2 Tesalonicenses 1:11–12 (Oración para ser equipados y preparados para andar en la llenura del destino de Dios para la iglesia y su pueblo)

- 2 Tesalonicenses 3:1–5 (Oración para que aumente la Palabra por medio de la unción del poder del Espíritu Santo y para encontrar el amor de Dios en una mayor manera)

En 1979, cuando empecé a dirigir reuniones de oración a diario, usaba las oraciones apostólicas sencillamente porque no sabía qué otra cosa hacer. Era uno de esos encuentros de la vida real cuando Dios tomaba control de mi vida y decía: "Eres un intercesor". Me ponía de pie frente a mi iglesia de adultos jóvenes y decía: "Soy un intercesor". Ellos decían, "¿qué es eso?". Yo respondía "no tengo idea". Verdaderamente, no tenía idea de lo que era un intercesor. Fui a las librerías de la ciudad y compré libros sobre intercesión. Había muy poco.

Al principio, no sabía nada de lo que debía hacer en una reunión de oración y ni siquiera sabía sobre qué íbamos a orar, así que escribí a mano las oraciones apostólicas. Desde entonces, he aprendido que las oraciones apostólicas en la Biblia son un regalo valioso para la iglesia: son las oraciones que ardían en el corazón de Dios por su pueblo. Estas oraciones nos dan el lenguaje del corazón del Señor, y debido a que Dios nunca cambia, podemos estar seguros de que todavía consumen su corazón. ¡Estas oraciones están garantizadas! Son como cheques firmados anticipadamente en el cielo que están solamente en espera de un cofirmante en la tierra para ser cobrados. Y son tan relevantes hoy como lo fueron en la iglesia primitiva.

## ¿QUÉ PUEDO HACER?

Hoy, tome tres oraciones apostólicas y dígalas en voz alta en su tiempo de oración privada. Mantenga vivas las palabras de esas oraciones en su espíritu durante el día. Él Señor le escucha.

## PARA REFLEXIÓN

"Por lo cual asimismo oramos siempre por vosotros, para que nuestro Dios os tenga por dignos de su llamamiento, y cumpla todo propósito de bondad y toda obra de fe con su poder" (2 Tesalonicenses 1:11).

*Señor, tal como las oraciones apostólicas arden en tu corazón, haz que ardan en el mío también. Quiero que me consideres como un fiel guerrero de oración para tu reino.*

_____

_____

_____

_____

_____

_____

_____

_____

## Día 47

# Las oraciones apostólicas están centradas en Dios y son positivas

*La oración lanza el golpe ganador; servir es senci-
llamente levantar los pedazos.*
—S. D. GORDON

TODAS LAS ORACIONES en el Nuevo Testamento están centradas
en Dios: cada una está dirigida al Señor. *Ninguna de las oraciones
apostólicas está dirigida al diablo.* La oración centrada en Dios, incluyendo la oración de guerra espiritual, es el modelo presentado en el
Nuevo Testamento. Este es el modelo de la iglesia primitiva usado
para resistir y desalojar a las fuerzas demoniacas espirituales y a las
fortalezas culturales (Efesios 6:12; 2 Corintios 10:3-5).

Todas las oraciones de Jesús que están registradas en la Escritura
fueron dirigidas al Padre (Juan 14:16; 17:5, 11, 15, 25). Jesús también
les enseñó a sus discípulos a dirigir sus oraciones al Padre (Mateo
18:19; Lucas 11:2, 13). Las oraciones de los apóstoles seguían el ejemplo de Jesús, y también nos enseñan a dirigirnos al Padre cuando
oramos. En la gran epístola de la "guerra espiritual" que Pablo escribió a los efesios, él dirigió todas sus oraciones al Padre (Efesios
1:16-17, 3:14, 16, 20).

Las oraciones apostólicas también son oraciones "positivas":
ruegan a Dios que libere cosas buenas en vez de pedirle que quite las
negativas. Por ejemplo: el apóstol Pablo oraba para que abundara el
amor en vez de pedir que el Señor quitara el odio (Filipenses 1:9). Él
oraba por la unidad en vez de orar contra la división (Romanos 15:5-
7). Él pedía por más presencia del espíritu de paz en lugar de pedir
para quitar el espíritu de temor (Romanos 15:13). Él no oró contra
el pecado, sino que pidió un incremento en santidad, pureza y amor
(1 Tesalonicenses 3:12-13). Incluso las peticiones de Pablo para ser

librado del hombre malo se enfocan en la liberación del pueblo de Dios en vez de exponer o derrotar al hombre malo que lo perseguía (2 Tesalonicenses 3:2-3).

El Padre sabía que orar por la impartición de virtudes positivas en vez de concentrarse en quitar las características negativas *unificaría* a los intercesores y *sanaría* algunas de las emociones negativas contra la iglesia en la persona que está orando. Nuestras emociones reciben un impacto en una manera positiva y amorosa cuando vamos ante nuestro Padre amoroso día tras día para rogar que su bondad aumente en la iglesia.

## ¿QUÉ PUEDO HACER?

Empiece a estructurar sus oraciones de manera positiva. En vez de orar contra el mal o hablarle al diablo, dirija sus oraciones al Padre y pídale un incremento de santidad, pureza y amor.

## PARA REFLEXIONAR

"Por esta causa, pues, doblo mis rodillas ante el Padre de nuestro Señor Jesucristo…que os conceda, conforme a las riquezas de su gloria, ser fortalecidos con poder por su Espíritu en el hombre interior" (Efesios 3:14-16).

> *Padre, estoy de acuerdo con tu Palabra cuando oro y pido por la impartición de virtudes positivas del reino en vez de concentrarme en lo que está mal en mi vida o en las circunstancias. ¡Venga tu reino!*

_____

_____

_____

_____

_____

## Día 48

# Sanado por el gran psicólogo

*Orar "es la raíz, la fuente, la madre de todas las bendiciones".*
—CRISÓSTOMO

**N**OTÉ UN CAMBIO en mi vida en los primeros días cuando hacía regularmente las oraciones apostólicas por la iglesia con su lenguaje positivo. Poco a poco me volví más positivo en mis emociones y desarrollé más misericordia y bondad en mi corazón por las debilidades en la iglesia.

El enfoque positivo de las oraciones apostólicas también es esencial para ayudarnos a movernos en fe. Las oraciones apostólicas en el Nuevo Testamento nos proveen una buena teología para una iglesia victoriosa. Hacer estas oraciones edifica nuestra fe para el avivamiento.

Un hombre me dijo una vez: "¿Por qué cree que la iglesia será victoriosa al final de la era?". Le dije que analizara las oraciones de Jesús y de los apóstoles por la iglesia. Mi teología sobre una iglesia victoriosa y un avivamiento estaba formada parcialmente al hacer las oraciones del Nuevo Testamento repetidamente. Estas oraciones fueron dadas por el Espíritu Santo, y aunque no han sido completamente respondidas aun, lo serán con toda seguridad. La iglesia andará en gran victoria, poder, pureza, unidad y amor antes de que Jesús regrese.

Las oraciones positivas facilitan la unidad, impactan nuestras emociones y edifican nuestra fe. El Padre es el "Gran psicólogo". Él diseñó estas oraciones para ayudar a que los corazones humanos fluyan bien y trabajen juntos en unidad con un espíritu de ánimo.

## ¿QUÉ PUEDO HACER?

Note cómo su estado de ánimo y emociones cambian cuando empieza a expresar oraciones positivas. Permita que el Gran psicólogo renueve su mente, literalmente, cuando proclama la bondad de Dios con un corazón agradecido. Hay virtud sanadora.

## PARA REFLEXIONAR

"Y esto pido en oración, que vuestro amor abunde aún más y más en ciencia y en todo conocimiento" (Filipenses 1:9).

*Señor, a medida que concentro mi atención y estoy de acuerdo con tu corazón y tus promesas, mi fe es estimulada, la misericordia y la bondad crecen en mi corazón, y tengo la audacia para proclamar lo que se alinea con tu voluntad.*

_____

_____

_____

_____

_____

_____

_____

_____

_____

_____

_____

_____

_____

_____

# Día 49

# Una iglesia fuerte transforma la cultura

*Le temo a las oraciones de John Knox más que a*
*toda la asamblea de los ejércitos de Europa.*
—MARY QUEEN OF SCOTS

ES IMPORTANTE DARSE cuenta de que la gran mayoría de las oraciones apostólicas están centradas en fortalecer la iglesia, no en los perdidos ni en la transformación de la sociedad. Esto no significa que Dios tenga sentimientos encontrados por los perdidos o por la sociedad ni que no debemos orar por estas cosas. Sin embargo, la única oración en el Nuevo Testamento que está específicamente centrada en los perdidos se encuentra en Romanos 10:1, donde Pablo suplicaba: "Hermanos, ciertamente el anhelo de mi corazón, y mi oración a Dios por Israel, es para salvación".

¿Por qué hay un enfoque abrumador por fortalecer y revitalizar a la iglesia? Porque la estrategia principal y el plan de Dios para alcanzar a los perdidos o para impactar una ciudad es a través de la unción de su iglesia con poder, amor y sabiduría. Cuando oramos por toda la iglesia en una ciudad en particular para ser revitalizada en amor y poder, la respuesta a esas oraciones tendrá un impacto inmenso en los perdidos de esa ciudad. Inevitablemente, muchos creyentes vendrán a Jesús, y la sociedad cambiará a medida que la iglesia avanza en el poder del Espíritu Santo.

Vemos este principio en acción en la ciudad de Éfeso. ¿Cuál fue el resultado de las oraciones por la iglesia en esa ciudad? La prédica de la Palabra de Dios estaba tan poderosamente ungida que su influencia "creció poderosamente y prevaleció" en toda la ciudad (Hechos 19:20). La estrategia de Dios era levantar allí una iglesia grande, ungida, que obtuviera una gran cosecha en toda Asia. Lo que sucedió en Éfeso fue tan poderoso que todos los que vivían en Asia "escucharon la palabra del Señor" a través de Pablo y otros en esta iglesia.

Cuando los predicadores están ungidos y la iglesia tiene un avivamiento, los santos hablarán la Palabra y harán las obras del reino con gran consistencia, y una multitud de no creyentes vendrán a Jesús. Por lo tanto, hacemos bien en esforzarnos en rogar por una unción mayor del Espíritu sobre la iglesia, sabiendo que definitivamente resultará una cosecha. Ningún poder puede evitar que los perdidos vengan a Jesús en grandes cantidades cuando la iglesia está revitalizada y funcionando en unidad bajo la unción del Espíritu.

## ¿QUÉ PUEDO HACER?

Continúe orando por una unción aumentada sobre la proclamación de la Palabra, que avance con audacia y redarguya a los no creyentes sobre su necesidad de un Salvador (Juan 16:8). Si en su iglesia hay llamados al altar, interceda en silencio al momento de la decisión, pida al Padre que los atraiga por medio de su Espíritu. Y lea libros sobre avivamiento y vea lo que Dios hizo cuando la gente se unía y clamaba por un avivamiento en su generación.

## PARA REFLEXIONAR

"También muchos de los que habían creído [en Éfeso] continuaban viniendo, confesando y declarando las cosas que practicaban... Así crecía poderosamente y prevalecía la palabra del Señor" (Hechos 19:18-20).

*Señor, te ruego que unjas la predica de tu Palabra en mi ciudad y que revitalices a tu iglesia para que podamos hacer las obras del reino con audacia y ver manifestaciones poderosas de tu poder.*

_____

_____

_____

_____

## Día 50

# Amemos a los perdidos, amemos a nuestros enemigos

*Interceder por las personas es la manera más poderosa y práctica en la que podemos expresar nuestro amor por ellas.*
—Juan Calvino

COMO MENCIONÉ ANTES, amaremos a aquellos por quienes oramos consistentemente. Una razón por la que Dios requiere que bendigamos y oremos por nuestros enemigos es porque al hacerlo, empezamos a amarlos. Y eso es lo que Él busca: un corazón de amor, compasión y perdón incluso por quienes nos ofenden. Si oramos por nuestros enemigos, nuestro corazón llegará con el tiempo a ablandarse por ellos. En otras palabras, es imposible orar por alguien regularmente sin llegar a amarlo con el tiempo.

Dios sabe que amaremos más a la iglesia a medida que oremos por ella regularmente. Dios quiere que los corazones de los intercesores se conecten con la iglesia en la ciudad por la que oran consistentemente. Esta es su estrategia de amor divino.

Es más fácil amar a los perdidos en una ciudad o nación diferente porque no sabemos mucho de ellos. Pero algunos se frustran e impacientan rápidamente con las iglesias en su propia ciudad porque conocen realmente a los creyentes. Por lo tanto, el Señor nos llama a orar por la iglesia para que podamos amarla mientras trabajamos para llevar a los perdidos a Jesús e impactar a la sociedad. Él no quiere que nosotros despreciemos a la iglesia en nuestra ciudad por las debilidades que vemos en la gente en varias congregaciones o la manera en que los líderes hacen las cosas; Él quiere que amemos tanto a la iglesia como a los perdidos.

¡Dios es un estratega brillante! Él nos guía a orar por la cosecha al pedirle que visite a toda la iglesia, a las iglesias locales, en nuestra área con su gran poder. No es coincidencia que la mayoría de las oraciones del Nuevo Testamento fueran para la iglesia.

## ¿QUÉ PUEDO HACER?

Pida al Padre que ponga en acción su estrategia brillante en la cosecha del campo por el que usted está orando y que lo haga parte de un tiempo emocionante de esa cosecha.

## PARA REFLEXIONAR

"Pero yo os digo: amad a vuestros enemigos y orad por los que os persiguen, para que seáis hijos de vuestro Padre que está en los cielos" (Mateo 5:44-45).

> *Señor, ablanda mi corazón cuando ore por mis enemigos. Bendice a los que se burlan de mí, a quienes me ofenden y a quienes me maldicen. Dame la compasión de Jesús cuando los levanto en oración ante tu trono.*

---
---
---
---
---
---
---
---
---
---
---

## Día 51

# Use las oraciones apostólicas

*Orar aclara la visión maravillosamente; calma los nervios; define la labor; fortalece el propósito, endulza y fortalece el espíritu.*
—S. D. Gordon

**C**omo regla general, nuestras oraciones deberían estar centradas en Dios, en vez de estarlo en los demonios o en el pecado. Este es el modelo de oración del Nuevo Testamento, iniciadas especialmente por Pablo. A continuación, encontrará maneras sugeridas para orar por la iglesia usando oraciones apostólicas.

- ✦ Ruegue que la presencia de Dios se manifieste poderosamente en los servicios eclesiásticos y que la gente sea salva, libertada, sanada, renovada por el Espíritu durante la adoración, prédica y momentos de ministración.

- ✦ Ore para que el amor abunde y que los creyentes elijan aquello que Dios llama excelente (Filipenses 1:9-10).

- ✦ Ore para que la unción que redarguye descanse sobre la prédica para que tanto creyentes como no creyentes sean grandemente impactados (Juan 16:8). Ore para que un espíritu de santidad y amor prevalezca en la congregación.

- ✦ Ruegue por el incremento de los dones del Espíritu en la iglesia y la manifestación de dichos dones a través de palabras de conocimiento, de sabiduría, discernimiento de espíritus, sanidades, milagros, etc.

- ✦ Ore para que un espíritu profético según Hechos 2:17 descanse sobre los predicadores, equipos de adoración y líderes ministeriales.

+ Ruegue para que el Espíritu abra más puertas para ministrar a los no creyentes y que Él los prepare para recibir el evangelio (Colosenses 4:3; 2 Tesalonicenses 3:1).

+ Ore para que el Espíritu motive a más creyentes a compartir el evangelio y que les dé una carga por el evangelismo (Mateo 9:37-38).

+ Ruegue para que el espíritu de sabiduría y revelación en el conocimiento de Dios, su voluntad, y sus caminos les sea dado a los líderes de las iglesias y a los miembros de la congregación (Efesios 1:17).

+ Ore para que los creyentes sean fortalecidos en su ser interior con poder por medio del Espíritu (Efesios 3:16).

+ Ore por unidad entre todos los creyentes y todas las familias en la iglesia (Juan 17:21-23).

+ Ruegue para que sea liberado un aumento del espíritu de oración en la iglesia (Zacarías 12:10).

+ Ore para que todo miembro de familia sea salvo y sano, y para que cada familia prospere con empleos seguros y estables (3 Juan 2).

Si oramos fiel y consistentemente de esta manera por la iglesia en nuestras ciudades, con el tiempo veremos a las iglesias y a las ciudades transformadas ante nuestros ojos.

## ¿QUÉ PUEDO HACER?

Centre su atención cada día en una de las oraciones anteriores durante los próximos doce días.

## PARA REFLEXIONAR

"Y cuando él venga, convencerá al mundo de pecado, de justicia y de juicio" (Juan 16:8).

*Padre, te pido que tu presencia sea poderosamente manifestada en los servicios eclesiásticos a lo largo de esta nación y que la gente sea salva, libertada, sanada y renovada por el Espíritu.*

_____
_____
_____
_____
_____
_____
_____
_____
_____
_____
_____
_____
_____
_____
_____
_____
_____
_____
_____
_____
_____
_____

## Día 52

# Nuestra oración apostólica más famosa

*La oración es la prueba ácida de la devoción.*
—Samuel Chadwick

La oración apostólica más famosa o más conocida en la historia es probablemente el padrenuestro como está registrada en el evangelio de Mateo:

> "Padre nuestro que estás en los cielos, santificado sea tu nombre. Venga tu reino. Hágase tu voluntad, como en el cielo, así también en la tierra. El pan nuestro de cada día, dánoslo hoy. Y perdónanos nuestras deudas, como también nosotros perdonamos a nuestros deudores. Y no nos metas en tentación, mas líbranos del mal; porque tuyo es el reino, y el poder, y la gloria, por todos los siglos. Amén".
> —Mateo 6:9-13

En realidad, es un ejemplo de todos los tres tipos de oraciones: oración devocional, intercesora y petición personal, pero para simplificarlo, la consideraremos junto con las otras formas de oración intercesora. ¡Qué regalo tan glorioso es aprender sobre la oración del Hombre que tuvo la oración máxima de todos los tiempos!

¿Cómo surgió esta oración? Jesús estaba en una ladera por el mar de Galilea, enseñando a multitudes y a sus discípulos lo que significa llevar un estilo de vida del reino según sus prioridades, su corazón y sus valores. Conocemos su enseñanza, registrada en Mateo 5 al 7, como el Sermón del Monte, y yo me refiero a él como la "constitución del reino de Dios". Fue en este contexto que Jesús les dijo a sus seguidores "oraréis así", y luego les dio un modelo para orar que provee conocimiento de cómo es Dios y de la naturaleza del reino y cómo funciona.

## ¿QUÉ PUEDO HACER?

Pida al Padre que le ayude a orar como Jesús, para mantener sus oraciones enfocadas, sencillas, pero poderosas.

## PARA REFLEXIONAR

"Aconteció que estaba Jesús orando en un lugar, y cuando terminó, uno de sus discípulos le dijo: Señor, enséñanos a orar, como también Juan enseñó a sus discípulos" (Lucas 11:1).

> *Padre, enséñanos e inspíranos a orar en mayor unidad con tu corazón. Que tu reino venga sobre la tierra, y en mi vida, como es en el cielo. Te pido por una medida mayor de paz que toque mi mente y corazón.*

## Día 53

# Vea a Dios como Padre y Rey

*Antes de que interceda, quédese quieto primero y adore a Dios. Piense en lo que Él puede hacer y en cómo se deleita al escuchar las oraciones de su pueblo. Piense en su posición y privilegio en Cristo y ¡espere grandes cosas!*
—ANDREW MURRAY

EN LA ORACIÓN a su Padre, Jesús nos da las claves necesarias para que nuestra misión crezca en la oración. En esencia, Él decía: "Mantengan estas cosas como prioridad en su vida de oración". Nos dio seis peticiones para orar regularmente, cada una con muchas implicaciones y aplicaciones. Las primeras tres se concentran en la gloria de Dios (su nombre, reino y voluntad); las segundas tres se enfocan en las necesidades humanas (físicas, relacionales y espirituales).

La enseñanza de Jesús sobre la oración empieza por reconocer a Dios como nuestro Padre: "Padre nuestro que estás en los cielos, santificado sea tu nombre" (Mateo 6:9). Aquí, al inicio de su oración, Jesús les estaba mostrado que su creador, Dios, también es su Padre. Él quería que ellos vieran el afecto, la ternura y la interacción personal de Dios con su pueblo. Jesús enfatizó ambas dimensiones de Dios: *su trascendencia majestuosa* como el que habita en el cielo y su *ternura como padre*. Dios es poderoso y personal, trascendente y tierno.

Terminaremos con una visión equivocada de Dios si separamos estos dos aspectos de su naturaleza. A lo largo de la historia, la iglesia ha puesto mucho énfasis sobre el Dios trascendente que gobierna con poder infinito y ha dejado a un lado el tierno corazón paternal de Dios. Cuando la verdad del corazón de amor del Padre se esclarece junto con su esplendor majestuoso, ganamos una imagen más precisa de lo que Dios es. Jesús empezó justo donde nosotros necesitamos empezar nuestra vida de oración, con nuestro enfoque en el ser mismo de Dios.

## ¿QUÉ PUEDO HACER?

Medite en la majestad de Dios a medida que entre en su sagrado aislamiento con el Padre. Dese cuenta de que Él es su Padre, que tiene un sentir por usted, y su Rey que gobierna todas las naciones.

## PARA REFLEXIONAR

"Jehová Dios de nuestros padres, ¿no eres tú Dios en los cielos, y tienes dominio sobre todos los reinos de las naciones? ¿No está en tu mano tal fuerza y poder, que no hay quien te resista?" (2 Crónicas 20:6).

*Señor, a veces tu majestad me abruma. Aun así, tengo el privilegio de llamarte Abba Padre, y de saber que tú tienes un corazón paternal por mí.*

## Día 54

# Ore por la Gloria de Dios

*No hay poder como el de la oración prevaleciente…Convierte*
*a los mortales comunes en seres poderosos. Trae*
*poder. Trae fuego. Trae vida. Trae a Dios.*
—SAMUEL CHADWICK

**E**N SU MODELO de oración, Jesús nos dio seis peticiones que debemos hacer regularmente. Las primeras tres son por la gloria de Dios: que su nombre sea tratado santamente, que su reino sea expresado abiertamente y que su pueblo cumpla la voluntad de Él individual y colectivamente. Demos un vistazo de la primera petición: orar para que el nombre de Dios sea santificado.

> Padre nuestro que estás en los cielos, santificado sea tu nombre.
>
> —MATEO 6:9

El nombre de Dios se refiere a su persona, carácter y autoridad. Santificamos su nombre cuando le respondemos en la manera que Él merece. El pensamiento mismo de su nombre provoca asombro y temor santo en cualquiera que tenga un poco de entendimiento. La primera petición es que el nombre majestuoso de Dios sea revelado primero *a* nosotros y luego *a través* de nosotros.

Cuando oramos para que su nombre sea santificado, estamos pidiendo que el Padre tome el lugar más alto en nuestra vida, corazón y adoración y que Él obre en nosotros y en los demás para que veamos y respondamos apropiadamente a su grandeza. Estamos pidiendo a Dios que libere su poder para hacer que más personas vean la verdad sobre Él y se nieguen a tomar su nombre en vano o a usarlo en bromas o en expresiones de enojo. También reverenciamos el nombre de Dios al no pedir nada contrario a su nombre glorioso o su voluntad.

## ¿QUÉ PUEDO HACER?

Permita que su corazón se llene de asombro y temor santo cuando piensa en Dios. Pida al Señor que le dé un incremento de temor del Señor para que usted pueda reaccionar ante Él de la manera adecuada.

## PARA REFLEXIONAR

"Enséñame, oh Jehová, tu camino; caminaré yo en tu verdad; afirma mi corazón para que tema tu nombre" (Salmo 86:11).

*Señor, libera un espíritu de temor del Señor en mi corazón de una mayor manera.*

_____

_____

_____

_____

_____

_____

_____

_____

_____

_____

_____

_____

_____

_____

_____

## Día 55

# Ore para que el reino venga

*Tenga cuidado, por sobre todas las cosas, de que sus oraciones no limiten a Dios; no solo por incredulidad, sino por fantasear que usted sabe lo que Él puede hacer. Espere lo inesperado "más allá de todo lo que puede pedir o imaginar".*
—ANDREW MURRAY

LA SEGUNDA PETICIÓN en el padrenuestro es "venga tu reino" (Mateo 6:10). El reino es el lugar donde se obedece la Palabra de Dios, donde se hace su voluntad y se expresa su poder. Por ejemplo, el reino se manifiesta cuando los enfermos sanan y los demonios son echados fuera. Jesús nos dijo: "si yo por el Espíritu de Dios echo fuera los demonios, ciertamente ha llegado a vosotros el reino de Dios" (Mateo 12:28). El reino está presente donde la voluntad de Dios se expresa bajo la autoridad de Jesús, el Rey.

El reino es la esfera donde se expresa el gobierno de Dios, y la iglesia es la familia y el vehículo del reino. La iglesia es la comunidad del reino. Cuando la iglesia proclama las buenas nuevas del reino, la gente va a la iglesia, el cuerpo de Cristo y experimenta las bendiciones del gobierno del reino de Dios.

El maestro que hace la voluntad de Dios en el aula está expresando el reino de Dios en ese escenario. Lo mismo sucede con el que trabaja en el banco, la estación de combustible, el hospital y la corte. Es lo mismo para el cirujano, el que abre zanjas, el soldado, la madre que educa en casa a sus hijos y con todos aquellos que hacen la voluntad de Dios. El reino ya está aquí, pero todavía no completamente. Se manifiesta en parte en esta era y se manifestará completamente cuando Jesús regrese a la tierra.

Orar por la liberación del reino es parte de la obra del reino. No debemos permitir que nuestro servicio en el reino tome el lugar de conversar con el Rey y de orar para que el reino venga. Esta segunda petición incluye estar orientado al reino en nuestro estilo de vida y en nuestras actitudes hacia los demás. Debemos trabajar junto con otros creyentes en vez de tener una cosmovisión territorial en solo nuestras esferas de autoridad e influencia.

## ¿QUÉ PUEDO HACER?

Piense en las maneras en que puede hacer la voluntad de Dios en su esfera de influencia: en el trabajo, mientras socializa con sus amigos, en las reuniones familiares, en los acercamientos programados con su iglesia. Sea creativo y escuche las indicaciones del Espíritu Santo.

## PARA REFLEXIONAR

"Mas buscad primeramente el reino de Dios y su justicia, y todas estas cosas os serán añadidas" (Mateo 6:33).

*Señor, ayúdame a tener la mentalidad del reino en mi vida diaria y en mi actitud hacia los demás. Trae a mi camino a aquellos que están hambrientos de la Verdad.*

_____

_____

_____

_____

_____

_____

_____

_____

_____

_____

## Día 56

# Ore para que se haga la voluntad de Dios

*La intercesión es la obra universal para los cristianos. Ningún lugar está cerrado para la oración. Ninguna nación ni organización ni cargo. No hay poder sobre la tierra que pueda mantener fuera a la intercesión.*
—RICHARD HALVERSON

LA TERCERA PETICIÓN relacionada a la gloria de Dios en el padrenuestro es que su pueblo hará la voluntad de Dios, tanto individual como colectivamente (vea Mateo 6:10). En esta oración preparamos nuestro corazón para obedecer la voluntad de Dios; lo que incluye obedecer sus mandamientos en nuestra vida personal, así como cumplir con las tareas ministeriales que Él nos da a cada uno. Oramos para que la voluntad de Dios sea hecha *a través* de nosotros (en nuestros ministerios) y *en* nosotros (en nuestra vida personal). Algunos creyentes están comprometidos a cambiar las naciones a través del ministerio, pero no a llevar una vida de pureza; ellos están más cautivados por hacer crecer sus ministerios como "agentes de cambio" que en interactuar con Jesús y obedecerlo en su vida personal. Sin embargo, no hay substituto para la obediencia e intimidad con Dios.

Cuando oramos para que la voluntad del Padre sea hecha en la tierra, por el trabajo arduo de su justicia, santidad y amor en nuestra vida personal y en nuestro medio, estamos conscientes de que su voluntad está siendo cumplida perfectamente en el cielo. Oramos que la tierra se vuelva como el cielo, donde el Rey justo, humilde, reina en la perfección de amor y todo el cielo se regocija en su majestuosa belleza.

## ¿QUÉ PUEDO HACER?

Prepare su corazón para obedecer la voluntad de Dios y para desearla; tanto como Él quiere. Observe cómo formar un hábito de obediencia lo transforma, por grados, a la imagen de Cristo.

## PARA REFLEXIONAR

"No os conforméis a este siglo, sino transformaos por medio de la renovación de vuestro entendimiento, para que comprobéis cuál sea la buena voluntad de Dios, agradable y perfecta" (Romanos 12:2).

*Padre celestial, enséñame a querer lo que tú quieres, a amar lo que tú amas y a ser un vaso de devoción. Te ruego que se haga tu voluntad en mí y a través de las iglesias en mi ciudad.*

# Pan diario: nuestras necesidades físicas

*La poca estima que ponemos en la oración es*
*evidencia del poco tiempo que le damos.*
—E. M. BOUNDS

ESTA CUARTA PETICIÓN en el padrenuestro: "El pan nuestro de cada día, dánoslo hoy" (Mateo 6:11), es por nuestra provisión, protección y dirección diaria. No oramos para informarle a Dios nuestras necesidades porque Él las conoce antes de que se las pidamos (Mateo 6:7-8). En cambio, oramos para incrementar nuestra relación con Él al conectarnos y dialogar con Dios. Aunque Él ya conoce nuestras necesidades, muchas veces retiene algo de nuestra provisión hasta que le hablamos del tema al hacer nuestra petición en oración.

Pedir a Dios que satisfaga nuestras necesidades no nos exime de nuestra responsabilidad de trabajar. Él cubre nuestras necesidades en parte al darnos la capacidad y oportunidad para ganar nuestro sustento. Sin embargo, Él se deleita en cubrir todas nuestras necesidades porque Él es nuestro Padre.

Por favor, note que Jesús nos enseñó a pedir nuestro pan "diario". Muchos de nosotros preferiríamos que el Señor nos diera el pan mensual o anualmente, pero Él prometió darnos pan solamente un día a la vez.

## ¿QUÉ PUEDO HACER?

Piense en un momento cuando habría preferido que Dios le diera "pan anualmente". Luego, considere por qué su voluntad, de darnos pan diariamente, es la mejor manera para ser fortalecido en su relación con Dios y para desarrollar su carácter.

## PARA REFLEXIONAR

"No se preocupen por todo eso diciendo: '¿Qué comeremos?, ¿qué beberemos?, ¿qué ropa nos pondremos?'". Esas cosas dominan el pensamiento de los incrédulos, pero su Padre celestial ya conoce todas sus necesidades" (Mateo 6:31-32, NTV).

> *Señor, gracias anticipadas por proveer todas mis necesidades diarias. Tú sabes lo que necesito aun antes de que yo pida, te agradezco que me conozcas mejor de lo que yo me conozco y que te deleites en cumplir las necesidades de tu pueblo. Padre, aumenta mi entendimiento de tu tiempo y ayúdame a aprender a confiar más en tu liderazgo. Gracias por pensar en lo que me conviene.*

---

---

---

---

---

---

---

---

---

---

---

---

---

---

---

---

---

## Día 58

# Padre, perdónanos

*La oración es el lenguaje de un hombre agobiado*
*por una sensación de necesidad.*
—E. M. Bounds

L A QUINTA PETICIÓN en el padrenuestro es "perdónanos nuestras deudas, como nosotros también perdonamos a nuestros deudores" (Mateo 6:12). La evidencia de que hemos sido perdonados gratuitamente es que perdonamos con gusto a los demás. El hombre que sabe que ha sido perdonado se ve forzado a perdonar a los demás.

Ya que Jesús les habla aquí a los creyentes, la pregunta que muchas veces surge es: "¿Por qué debe un creyente nacido de nuevo orar por perdón?". Cuando le pedimos a Dios que "perdone nuestras deudas", no estamos pidiendo que seamos salvos o libertados del infierno. Ya hemos sido perdonados gratuitamente y justificados por la fe (Romanos 3:21-31). La oración para que se nos perdonen nuestras deudas habla de restaurar nuestra relación con Dios. El apóstol Juan explicó este principio claramente en su primera carta (1 Juan 1:8-9).

No perdemos nuestra posición con Dios cuando, como creyentes sinceros, tropezamos en el pecado; sin embargo, el pecado contamina nuestra mente y sofoca nuestro corazón, estorbando así nuestra capacidad para disfrutar la presencia de Dios. Así que comprendemos que esta petición "perdona nuestras deudas" es para restaurar la comunión con Jesús. Repito, Juan nos dice: "Si alguno hubiere pecado, abogado tenemos para con el Padre, a Jesucristo el justo" (1 Juan 2:1). Esta quinta petición es pedir que seamos limpios de los efectos contaminantes del pecado en nuestro corazón.

Algunos creyentes han representado mal esta segunda parte de la petición: "como perdonamos a nuestros deudores", como para decir que hemos ganado nuestro perdón al perdonar a los demás. Eso no es todo lo que Jesús dice aquí. Más bien, la evidencia de que se nos ha dado perdonado gratuitamente es que somos impulsados por la gratitud, para extender ese perdón hacia los demás.

## ¿QUÉ DEBO HACER?

Haga un listado de las personas a las que debe perdonar, inclúyase a sí mismo, si aplica. Lleve el listado ante Dios en oración y a nombre de cada persona a la que ha decidido perdonar. Pida al Señor que le impida reciclar las ofensas pasadas y que lo considere terminado.

## PARA REFLEXIONAR

"Si decimos que no tenemos pecado, nos engañamos a nosotros mismos, y la verdad no está en nosotros. Si confesamos nuestros pecados, él es fiel y justo para perdonar nuestros pecados, y limpiarnos de toda maldad" (1 Juan 1:8-9).

*Padre, recuerdo tu fidelidad en mi vida y te pido que me perdones por pecar contra ti. Restaura una comunión dulce entre nosotros. Ayúdame y enséñame a andar en perdón profundo por aquellos que me han herido. Padre, te ruego que sanes mi corazón y me ayudes por el Espíritu para perdonarlos completamente y libertarlos. ¡Empecemos hoy! En el nombre de Jesús.*

## Día 59

# Ser librados del mal

*Oh, hermano, ora; a pesar de Satanás, ora; pasa horas en oración; prefiere descuidar a los amigos antes que dejar de orar; es mejor ayunar y perderse del desayuno, el té y la cena, que no orar.*
—ANDREW A. BONAR

LA SEXTA PETICIÓN en el padrenuestro: "Y no nos dejes caer en tentación, sino líbranos del maligno" (Mateo 6:13, NVI), es a lo que yo llamo una "oración antes de la tentación". Jesús nos llamó a orar por la ayuda del Señor para evitar y escapar de tentaciones "intensificadas" incluso antes de que ocurrieran. Esta es una oración muy importante, aunque podría ser una de las oraciones más descuidadas en la Biblia. En ella, Jesús expresó una petición en dos vías: "no nos dejes caer en tentación" y "líbranos del maligno". La segunda mitad de la petición define positivamente que lo que la primera mitad expresa de manera negativa.

Dios nunca tienta a nadie con el mal (Santiago 1:13), así que ¿por qué pedirle que "no nos deje caer en tentación"? En el huerto de Getsemaní, Jesús instaba a los discípulos a orar para que no entraran en tentación: "Estén alera y oren para que no caigan en tentación. El espíritu está dispuesto, pero la carne es débil" (Mateo 26:41).

"Entrar en tentación" es caer en algo mucho más intenso que las tentaciones generales que enfrentamos cada día en un mundo caído. Apunta a una "tormenta de tentación" específica que sucede cuando convergen tres componentes: la actividad demoníaca está intensificada, nuestra lujuria está estimulada y las circunstancias son "óptimas" para pecar. Al orar, podemos evitar o minimizar la intensidad de una tentación intensificada.

Veo la petición de Jesús en el padrenuestro como enfocada en escapar de las tormentas de tentación, lo que incluye más que las tentaciones generales que suceden en la vida cotidiana. Pienso que las tentaciones "generales" son ser orgullosos en nuestras actitudes, no tener paciencia en nuestros estilos de comunicación, actuar egoístamente en nuestras decisiones y ser menos que honesto con nuestras finanzas o en nuestra comunicación con los demás. Identifico a las "tormentas de tentación" como cometer adulterio o participar en actividades que causan daño serio a los demás o a la sociedad misma. La tentación que me parece más seria es la de negar a Cristo.

La Escritura nos dice que después de que él tentó a Jesús, Satanás se apartó hasta que hubiera un "momento más oportuno" (Lucas 4:13). Satanás siempre busca momentos oportunos cuando las tentaciones demoníacamente energizadas nos golpeen como una tormenta y nos hagan caer en gran manera. Él busca atraernos a una trampa "en el momento oportuno" para destruir nuestra fe.

Las "oraciones antes de la tentación" piden anticipadamente ayuda al Señor y eliminan o minimizan una tormenta de tentación. Orar antes de que la tentación suceda expresa nuestra humildad porque reconocemos nuestras debilidades y nuestra dependencia en la fortaleza de Dios cuando le pedimos que nos aleje de varias tentaciones para que no nos atrapen.

## ¿QUÉ PUEDO HACER?

Apártese de las actividades y la gente que pueda representar una trampa de tentación para usted. Usted sabe cuáles son. Como dice el dicho: más vale prevenir que lamentar. Procure entender mejor sus debilidades y lo que lo "dispara" de manera que hace que usted tropiece. Pida al Señor maneras creativas para evitar involucrarse con personas o en actividades que han resultado en una caída en el pasado.

## PARA REFLEXIONAR

"Estén alerta y oren para que no caigan en tentación. El espíritu está dispuesto, pero la carne es débil" (Mateo 26:41).

*Señor, te ruego que me protejas hoy y me libres de la tentación. Quita o minimiza cualquier tormenta de tentación que el maligno planifique enviarme.*

_____
_____
_____
_____
_____
_____
_____
_____
_____
_____
_____
_____
_____
_____
_____
_____
_____
_____
_____
_____
_____
_____
_____
_____
_____
_____

# Día 60

# Aproveche las promesas proféticas

*La oración no es superar la renuencia de*
*Dios, sino aprovechar su disposición.*
—Martín Lutero

Hay una relación dinámica entre las promesas proféticas y la oración perseverante. A medida que nuestra fe es estimulada por las promesas proféticas, somos animados a sustentar nuestra oración por la liberación completa de dichas promesas. Sin duda, la oración y lo profético son inseparables. Las promesas proféticas avivan la obra intercesora, pura y más eficiente de alcanzar a los demás. Ellas nos ayudan a perseverar en nuestra fe y obediencia para que no nos apartemos en momentos de presión y dificultad.

Las promesas proféticas muchas veces son invitaciones en lugar de garantías. Dios habla proféticamente para equiparnos a cooperar más completamente con el Espíritu Santo mientras intercedemos por la liberación total de lo que Dios ha prometido.

Valoramos las promesas proféticas esencialmente de las Escrituras, pero no deberíamos descuidar las promesas proféticas personales que el Espíritu Santo ha confirmado. Pablo exhortó a Timoteo a pelear la batalla de la fe según las palabras proféticas que recibió: "Este mandamiento, hijo Timoteo, te encargo, para que conforme a las profecías que se hicieron antes en cuanto a ti, milites por ellas la buena milicia" (1 Timoteo 1:18). Las palabras proféticas nos ayudan a perseverar fielmente en las tareas que el Señor nos da, especialmente en las difíciles.

Recuerde, sin embargo, que el fundamento de nuestro ministerio debe estar en Jesús y en nuestra relación con Él tal como lo está confirmado en la Palabra de Dios. No basamos nuestro ministerio en palabras proféticas personales.

Nunca debemos recibir promesas proféticas que no honren la

Palabra escrita o que la contradigan. Las Escrituras son la autoridad final sobre todos los asuntos de la fe, incluyendo las promesas proféticas. Todas las profecías contemporáneas o personales tienen que estar confirmadas por el Espíritu a través de dos o tres testigos (2 Corintios 13:1).

## ¿QUÉ PUEDO HACER?

Escriba cualquier promesa profética que haya recibido y, en oración, pida a Dios que estimule su fe para que se cumplan.

## PARA REFLEXIONAR

"[Abraham] Tampoco dudó, por incredulidad, de la promesa de Dios, sino que se fortaleció en fe, dando gloria a Dios, plenamente convencido de que era también poderoso para hacer todo lo que había prometido" (Romanos 4:20-21).

*Señor, ayúdame a perseverar en oración mientras espero el cumplimiento de tus promesas proféticas para mí. ¡Aviva mi fe! Deseo de todo corazón luchar por todas las promeses proféticas sobre mi vida. Te pido que aumentes mi fe mientras oro y lucho por ellas.*

_____

_____

_____

_____

_____

_____

_____

_____

## Día 61

# Promesas bíblicas para una mayor unción

*Hasta que sepamos que la vida es guerra, no sabremos para qué es la oración.*
—John Piper

ESTOY CONVENCIDO DE que el derramamiento más grande del Espíritu Santo en toda la historia será justo antes de la Segunda Venida de Jesús. El cuerpo de Cristo participará en el mayor avivamiento que jamás haya sucedido en la generación en la que el Señor regrese. En este gran avivamiento, el Espíritu Santo hará el tipo de milagros registrados en Hechos y Éxodo, combinado y multiplicado a escala mundial.

¿Cómo lo sé? Porque la Biblia contiene muchas promesas relacionadas a los tiempos finales. Nos dice que Jesús regresará por una iglesia gloriosa que anda en santidad, santa e intachable (Efesios 5:27).

Las promesas bíblicas confirman que el cuerpo de Cristo en todo el mundo puede esperar ser testigo de varias expresiones de avivamiento en los últimos tiempos. Nombraré cinco:

+ Veremos el surgimiento de una iglesia victoriosa, unida, ungida, que está llena de la gloria de Dios. (Vea la oración de Jesús en Juan 17:22-23).

+ La iglesia vivirá en amor, humildad y pureza como una novia que está completamente preparada para el Señor viviendo según el Sermón del Monte (Mateo 5-7).

+ Veremos una gran cosecha del final de los tiempos de cada nación, tribu y lengua. Yo espero que esta gran asamblea de almas sea mayor a mil millones de almas nuevas viniendo a Jesús.

Después de esto miré, y he aquí una gran multitud, la cual nadie podía contar, de todas naciones y tribus y pueblos y lenguas, que estaban delante del trono y en la presencia del Cordero... "Estos son los que han salido de la gran tribulación, y han lavado sus ropas, y las han emblanquecido en la sangre del Cordero".

—APOCALIPSIS 7:9, 14

✦ El espíritu de profecía operará en la iglesia y descansará sobre cada creyente.

Y en los postreros días, dice Dios, derramaré de mi Espíritu sobre toda carne, y vuestros hijos y vuestras hijas profetizarán; vuestros jóvenes verán visiones, y vuestros ancianos soñarán sueños.

—HECHOS 2:17

✦ El cuerpo de Cristo cumplirá su llamado principal de hacer discípulos cuando ganemos a los perdidos y edifiquemos su iglesia: una comunidad del reino expresando los dos máximos mandamientos de amar a Dios y a la gente y totalmente involucrados en la Gran Comisión.

Por tanto, id, y haced discípulos a todas las naciones,... enseñándoles que guarden todas las cosas que os he mandado.

—MATEO 28:19-20

Debemos aceptar la presión cuando luchamos en oración por la liberación total de estas promesas proféticas de avivamiento: debemos operar en una liberación *parcial* del poder de Dios *ahora*, mientras también continuamos implorando por un avance histórico de la *plenitud* el Espíritu.

## ¿QUÉ PUEDO HACER?

Pregunte al Señor cómo puede Él usarlo a usted para cumplir sus propósitos sobre la tierra. Esté dispuesto y esté a la espera de su dirección.

## PARA REFLEXIONAR

"A fin de presentársela a sí mismo, una iglesia gloriosa, que no tuviese mancha ni arruga ni cosa semejante, sino que fuese santa y sin mancha" (Efesios 5:27).

*Padre, uno mi fe a la fe de mis hermanos y hermanas en Cristo mientras luchamos por una liberación plena de tus promesas proféticas para un avivamiento. Nos ponemos de acuerdo con el cielo por un avance de la plenitud del Espíritu.*

## Día 62

# Un encuentro con Dios en
# un hotel en El Cairo

*La oración otorga al trabajo su valor y su éxito. La oración abre paso a
la obra de Dios en nosotros y a través de nosotros. Permitamos que nuestra responsabilidad principal como mensajeros de Dios sea intercesión;
en ella garantizamos que la presencia y el poder de Dios nos acompañen.*
—ANDREW MURRAY

**D**URANTE MUCHOS AÑOS leí sobre los avivamientos que acompa-
ñaron al ministerio de los líderes de la fe, tales como Jonathan
Edwards, John Wesley, George Whitefield, David Brainerd y Charles Finney. Leí sus enseñanzas junto con la de Martyn Lloyd-Jones
y los escritores puritanos —los que tenían un entendimiento de las
promesas bíblicas sobre el avivamiento— y adopté su teología de una
asamblea de almas sin precedente al final de la era.

Mucho después, mi confianza en la unción del Espíritu en los
tiempos finales se volvió un tema muy personal. Una noche, en
septiembre de 1982, en la habitación de un hotel algo escuálido en El
Cairo, Egipto, experimenté un encuentro en el Espíritu Santo que me
cambió la vida. La habitación de unos seis metros cuadrados estaba
amueblada con una cama pequeña, tenía un ventilador de techo que
rechinaba y plomería de la edad de piedra, así como una variedad
de cosas que andaban precipitadamente por todo el piso de concreto.
Estaba solo y había apartado la noche para pasarla en oración con el
Señor. Había estado arrodillado en el piso de cemento, al lado de la
cama tambaleante, durante unos treinta minutos, cuando repentinamente tuve uno de los encuentros más importantes con el Señor que
yo haya tenido en más de cuarenta y cinco años de andar con Dios.

No tuve una visión, y tampoco me habían llevado al cielo. El Señor
me habló claramente, no con una voz audible que yo pudiera percibir

con mis oídos naturales, sino en lo que yo llamo al "voz audible interior" del Señor. Una sensación de la presencia de Dios me abrumó instantáneamente. Llegó con una sensación poderosa de limpieza, poder y autoridad. El asombro de Dios inundó mi alma y sentí un poco del terror del Señor. Temblé literalmente y lloré mientras Dios mismo se comunicaba conmigo en una manera que no había experimentado antes y que no he vuelto a experimentar desde entonces.

El Señor dijo sencillamente: "Cambiaré el entendimiento y la expresión del cristianismo en todo el mundo en una generación". Fue sencillo y directo, pero sentí el poder de Dios en cada palabra mientras recibía la interpretación del Espíritu: Dios mismo hará cambios drásticos en el cristianismo en todo el mundo, y esta reforma y avivamiento será por su iniciativa soberana y para su gloria.

Yo supe por el Espíritu Santo que la frase "el entendimiento del cristianismo" se refería a la manera en que los no creyentes perciben al cristianismo. En la iglesia primitiva, la gente tenía miedo de asociarse de manera casual con los creyentes, en parte por las demostraciones de poder sobrenatural (Hechos 5:13). Hoy día, la mayoría de los no creyentes considera a la iglesia antiguada e irrelevante para su vida. Dios va a cambiar la manera en que los no creyentes ven la iglesia. Repito, ellos serán testigos del poder maravilloso, aunque aterrador, en el cuerpo de Cristo. Tendrán un entendimiento diferente del cristianismo antes de que Dios hará terminado con esta generación.

## ¿QUÉ PUEDO HACER?

Pregunte al Padre cómo puede participar mientras Él restaura a su iglesia con demostraciones de poder sobrenatural. Sea fiel al Señor hoy en las cosas pequeñas, sabiendo que Él las usará para prepararlo para cosas mayores que vendrán con toda seguridad. Lea historias sobre avivamiento para estimular la fe en su corazón. Sugiero escritores como algunos de los que he mencionado, incluyendo a: Charles Finney, John Wesley, Johnathan Edwards, George Whitefield, David Brainerd y John G. Lake.

## PARA REFLEXIONAR

"Y después de esto derramaré mi Espíritu sobre toda carne, y profetizarán vuestros hijos y vuestras hijas; vuestros ancianos soñarán sueños, y vuestros jóvenes verán visiones. Y también sobre los [mis] siervos y sobre las [mis] siervas derramaré mi Espíritu en aquellos días" (Joel 2:28-29).

*Señor, tú lo has hecho antes, así que hazlo de nuevo: derrama tu Espíritu sobre la tierra en una manera asombrosa. ¡Faculta a tu iglesia para volver a poner al mundo de cabeza!*

## Día 63

# El encuentro en el Cairo, segunda parte

*La oración secreta, ferviente, confiada yace en
la raíz de toda devoción personal.*
—WILLIAM CAREY

COMO MENCIONÉ EN el día 62, durante mi visita a El Cairo, Egipto, en 1982, tuve un encuentro increíble con el Espíritu Santo una noche, en mi habitación del hotel. Escuché al Señor decir: "Cambiaré el entendimiento y la expresión del cristianismo en todo el mundo en una generación". Yo supe, por el Espíritu Santo, que esa frase "la expresión del cristianismo" significaba la manera en que el cuerpo de Cristo expresa su vida unido bajo el liderazgo de Jesús. Dios hará que suceda un cambio dramático para que funcionemos como un pueblo santo, unido, en el poder y amor de Dios. Lo que sucede cuando nos reunimos en unidad como el cuerpo de Cristo cambiará. Veremos poder, pureza y unidad sin igual en la iglesia de los últimos tiempos.

Dios mismo cambiará radicalmente las relaciones de los cristianos con Él y entre ellos mismos, la manera en que nos perciben los no creyentes, y hasta la estructura y funcionamiento de la iglesia en todo el mundo. Él no lo hará en un mes, en un año, ni en unos cuantos años, sino durante una generación. Usará a su pueblo, que sirve en muchas denominaciones diferentes y corrientes ministeriales en el cuerpo de Cristo. Él ama a toda la iglesia y usará a todo el que quiera ser usado por Él.

El entendimiento y la expresión del cristianismo cambiarán por un gran derramamiento soberano del Espíritu que atravesará las barreras nacionales, sociales, étnicas, culturales y denominacionales. No será solamente un avivamiento occidental ni una avivamiento del tercer mundo. La profecía en Joel 2:28-29, reiterada por Pedro en Hechos 2, dice que en los últimos días Dios derramará su espíritu sobre "toda carne" (versículo 17).

Mucho cambiará como resultado del derramamiento progresivo del Espíritu. Tendrá expresiones multidimensionales para que sea visto no como un tipo de movimiento aislado: un movimiento de evangelismo, de sanidad, de oración, de unidad o profético. Será todo eso y más. Por encima de todo, este derramamiento del Espíritu impartirá una pasión profunda por Jesús en el corazón de hombres y mujeres. El primer mandamiento, amar a Dios, será establecido en primer lugar en la iglesia, lo que llevará a la iglesia a andar en el segundo mandamiento, amar a los demás, y a involucrarse en la Gran Comisión de una manera sin precedentes. El Espíritu Santo anhela glorificar a Jesús en el cuerpo de Cristo a través de las naciones. (Vea Juan 16:14).

Mi experiencia en la habitación del hotel del Cairo duró menos de una hora, aunque pareció más tiempo. Salí de la habitación y caminé solo por las calles del centro del Cairo hasta cerca de la media noche, comprometiéndome con el Señor y sus propósitos. El asombro de Dios permaneció en mi alma por horas. Me desperté al día siguiente sintiendo aún su impacto.

Esta experiencia me dio una nueva apreciación por el ministerio profético, ayudándome a darme cuenta de que es esencial "avivar" el movimiento de oración de los últimos tiempos. El ministerio profético en la iglesia local incluirá más que solo profecías verbales e inspiracionales. Incluirá visitaciones angélicas, sueños, visiones, señales y maravillas en el cielo, y más. El Espíritu Santo será derramado poderosamente y el pueblo de Dios profetizará como se predijo en Joel 2 y fue citado en el primer sermón de Pedro el Día de Pentecostés.

## ¿QUÉ PUEDO HACER?

Diga a Dios que usted quiere ser usado cuando Él cambie la expresión y el entendimiento del cristianismo en toda la tierra. Permanezca y sea incluido entre aquellos que representan a la iglesia que anda en el poder del Espíritu Santo. Pida al Señor que le dé más sabiduría y fe en la comisión que Él le dio a todo su pueblo: predicar el evangelio, sanar a los quebrantados y proclamar libertad para los cautivos (Lucas 4:18).

## PARA REFLEXIONAR

"Porque yo derramaré aguas sobre el sequedal, y ríos sobre la tierra árida; mi Espíritu derramaré sobre tu generación, y mi bendición sobre tus renuevos" (Isaías 44:3).

*Padre celestial, haz que suceda un cambio dramático en tu iglesia para que funcionemos como un pueblo santo, unido, en el poder y el amor de Dios. Avívanos para el despertar de los últimos tiempos que ya se divisa en el horizonte.*

## Día 64

# Nuestro modelo de guerra espiritual

*Satanás tiembla cuando ve al cristiano más débil de rodillas.*
—WILLIAM COWPER

EL MODELO DEL Nuevo Testamento para la guerra espiritual es *dirigir nuestras oraciones a Dios*, proclamar su nombre y promesas, y hacer sus obras como la manera principal de luchar contra los espíritus malignos en los lugares celestiales. Por tanto, como regla general, hablamos directamente a Dios en vez de dirigirnos a ellos directamente. En mi opinión, hay excepciones a esta regla general; en cuyo caso, dirigimos nuestras proclamaciones directamente al principado demoníaco. Sin embargo, ese no es el primer modelo de oración que presentan los apóstoles del Nuevo Testamento.

Jesús y los apóstoles les hablaban directamente a los demonios que habitaban en una persona endemoniada; en otras palabras, a los espíritus demoníacos "encarnados"; pero lo que hacía no es lo mismo que hablarles a los principados demoníacos que habitan en lugares celestiales. Nosotros sí luchamos contra principados demoníacos incorpóreos (Efesios 6:12), pero generalmente en oración al Padre, no hablándoles directamente. El profeta Daniel venció sobre el principado poderoso de Persia (Daniel 10:12-13) cuando ayunó y oró concentrándose en el Dios de Israel (Daniel 9: 4-23), no en el ser demoníaco en sí.

Veo tres componentes incluidos en las oraciones de guerra espiritual:

1. Proclamamos la victoria de Dios en oración al estar de acuerdo con la supremacía de Jesús, su poder, sus promesas y su voluntad. Hacemos las oraciones de la Biblia, recordando a Dios sus promesas, y haciendo decretos proféticos con relación a la supremacía de Dios y los propósitos de su reino.

2. Confesamos el pecado y renunciamos a las obras de las tinieblas rompiendo así nuestro acuerdo con el enemigo. Cuando resistimos a Satanás y nos sometemos a Dios y a su Palabra, el diablo huye de nosotros (Santiago 4:7).

3. Hacemos las obras del reino, actuando en el espíritu opuesto al de las características del mal para impregnar una ciudad o región específica. Por ejemplo: en un lugar donde se identifica la opresión como una fortaleza espiritual, el cuerpo de Cristo debe concentrarse en realizar actos de generosidad, servicio, etc.

Durante los próximos días estaremos hurgando más profundamente en el tema de la guerra espiritual. Como cristianos, tenemos victoria sobre el enemigo, y Dios quiere que vivamos en esa realidad.

## ¿QUÉ PUEDO HACER?

Mantenga sus oraciones enfocadas en el Padre, no en el maligno. Use la Palabra de Dios para hablar con el Señor "venga tu reino" para que su voluntad sea hecha sobre la tierra como en los cielos. Procure discernir con más precisión cuando el enemigo le ataque con mentiras, temor y acusación. Pronuncie las verdades de la Palabra de Dios para resistir y combatir las mentiras.

## PARA REFLEXIONAR

"Porque no tenemos lucha contra sangre y carne, sino contra principados, contra potestades, contra los gobernadores de las tinieblas de este siglo, contra huestes espirituales de maldad en las regiones celestes" (Efesios 6:12).

*Señor, ayúdame a resistir al maligno y a someterme a ti hoy, mientras proclamo tu nombre y declaro tu verdad.*

_____
_____
_____
_____
_____
_____
_____
_____
_____
_____
_____
_____
_____
_____
_____
_____
_____
_____
_____
_____
_____
_____
_____
_____
_____
_____

## Día 65

# Tres clases de fortalezas

*Le damos demasiada atención al método, la maquinaria y los recursos, y muy poca a la fuente de poder a través de la oración.*
—Hudson Taylor

La Escritura habla de derrumbar "fortalezas" espirituales. "Porque las armas de nuestra milicia no son carnales, sino poderosas en Dios para la destrucción de fortalezas, derribando argumentos y toda altivez que se levanta contra el conocimiento de Dios" (2 Corintios 10:4-5). Una fortaleza consiste en una colección de ideas de acuerdo con las mentiras y acusaciones de Satanás contra la verdad de Dios (versículo 5). Son mentiras sobre Dios, quien Él es, y lo que dice que hará, así como mentiras acerca de quienes somos en Cristo y cómo nos ve Él, y cuando recibimos las mentiras, estas encierran nuestro corazón en las tinieblas.

Regiones geográficas enteras pueden estar afectadas por las mismas mentiras y atacadas por la misma oscuridad demoniaca. Una manera en que podemos reconocerlo es cuando vemos a una cantidad grande de personas en una región aceptando los mismos patrones de oscuridad en sus creencias y comportamiento. Derribamos y desmantelamos las fortalezas espirituales al estar de acuerdo con Dios y con su Palabra y "derribando argumentos" –renunciando a las mentiras– que están contra el conocimiento de Dios, su Palabra y su voluntad. De esta manera, rompemos cualquier acuerdo con Satanás.

Mencionaré tres tipos de fortalezas espirituales:

- *Fortalezas personales* de la mente, que ata a las personas en patrones de pensamiento y estilos de vida pecaminosos.

- *Fortalezas culturales* son acuerdos independientes con los valores de Satanás en nuestra sociedad. Hay muchas maneras en que la gente se pone de acuerdo con él y mantiene esos valores arraigados.

✦ *Fortalezas cósmicas*, las cuales son poderes y principados demoníacos en el aire, son ángeles o huestes demoníacas. Pablo las describe en su carta a los Efesios: "Porque no tenemos lucha contra sangre y carne, sino contra principados, contra potestades, contra los gobernadores de las tinieblas de este siglo, contra huestes espirituales de maldad en las regiones celestes" (Efesios 6:12).

No deberíamos dejar que estas fortalezas nos intimiden porque nosotros tenemos la clave para su destrucción. Las desmantelamos *estando de acuerdo* con Dios y *renunciando* a las mentiras del enemigo a través de nuestras oraciones y acciones.

## ¿QUÉ PUEDO HACER?

Derrumbe y desmantele las fortalezas espirituales sobre su vida estando de acuerdo con Dios y con su Palabra, y renunciando a las mentiras del maligno.

## PARA REFLEXIONAR

"Y despojando [Jesús] a los principados y a las potestades, los exhibió públicamente, triunfando sobre ellos en la cruz" (Colosenses 2:15).

> *Padre, desmantelo toda fortaleza sobre mi vida y la vida de mis seres queridos al estar de acuerdo contigo y renunciando a las mentiras del enemigo. Muéstrame, en cualquier parte de mi vida, dónde he creído una mentira y resalta las áreas donde he aceptado un pensamiento equivocado. Pronunciaré tu verdad en esas áreas y oraré por rompimiento y liberación ¡en el nombre de Jesús!*

_____
_____
_____
_____
_____
_____
_____
_____
_____
_____
_____
_____
_____
_____
_____
_____
_____
_____
_____
_____
_____
_____
_____
_____
_____

# Día 66

## Retire el velo sobre el ámbito espiritual

*Muchos cristianos hacen su mejor esfuerzo para luchar contra el pecado, y para servir a Dios, pero nunca han entendido el secreto: Jesús, desde el cielo, continúa su obra en mí con una condición: el alma tiene que darle tiempo para impartir su amor y su gracia. El tiempo a solas con Jesús es la condición indispensable para el crecimiento y el poder.*
—ANDREW MURRAY

**D**ANIEL 10 NOS da un vistazo de lo que sucede en el ámbito espiritual cuando la gente de Dios ora. Este es un capítulo favorito de muchos intercesores porque se retira el velo, y nos permite ver cómo nuestras oraciones impactan poderes y principados angelicales y demoníacos. Además, revela el intenso conflicto entre los ángeles de alto rango y los demonios que se manifiesta en esferas terrenales de gobierno.

Las estructuras de autoridad angelical y demoníaca existen sobre cada ciudad y región en el mundo. Son ángeles de alto rango que sirven los propósitos de Dios, y hay demonios de alto rango que se oponen a dichos propósitos. El conflicto entre estos seres angélicos y demoníacos está relacionado dinámicamente con las oraciones y las obras de la gente en la ciudad o región que los seres presiden. Si pudiéramos ver en el ámbito espiritual, creo que nos sorprendería la manera en que mucho de las huestes celestiales está involucrado en los asuntos terrenales y cómo reaccionan a nuestras oraciones.

Hay una correlación dinámica entre lo que la gente hace en la tierra y la medida de actividad demoniaca que se libera en las áreas donde viven. Por ejemplo: a medida que la gente peca más en una ciudad o región específica, le da un mayor acceso al ámbito demoníaco para aumentar la oscuridad espiritual en esa ciudad o región. El mismo principio funciona en el ámbito angelical, los hechos rectos y las oraciones de los santos impactan la medida de la actividad angelical en un área específica.

Cuando oramos, el Espíritu Santo y los ángeles aumentan su actividad a favor de aquellos por quienes oramos, y el resultado, finalmente, nos beneficia a nosotros. Pablo comprendió esta verdad, así que animó al cuerpo de Cristo a priorizar la oración por todos los que están en autoridad.

## ¿QUÉ PUEDO HACER?

Ore por discernimiento espiritual y para que Dios abra sus ojos y oídos espirituales para que pueda ver y escuchar más allá de sus sentidos naturales.

## PARA REFLEXIONAR

"Exhorto ante todo, a que se hagan rogativas, oraciones, peticiones y acciones de gracias, por todos los hombres; por los reyes y por todos los que están en eminencia, para que vivamos quieta y reposadamente en toda piedad y honestidad" (1 Timoteo 2:1-2).

> *Señor, te pido que envíes una mayor medida de tu Espíritu y tus ángeles santos para luchar por los justos y hacer que tus propósitos se cumplan. Ruego que haya un incremento de la luz y de la actividad angelical en mi hogar, mi iglesia y en mi ciudad.*

_____

_____

_____

_____

_____

_____

_____

_____

## Día 67

# Aprenda del ejemplo de Daniel

*Si cree en la oración en lo más mínimo, espere que Dios lo escuche.*
—CHARLES SPURGEON

CUANDO EL PROFETA Daniel tenía probablemente alrededor de ochenta y cinco años, se propuso orar por los judíos en Jerusalén. Él oró por veintiún días, en duelo y ayuno, debido a la resistencia del remanente en Jerusalén. En respuesta a la oración de Daniel, un ángel poderoso vino y le dijo:

> Entonces me dijo: Daniel, no temas; porque desde el primer día que dispusiste tu corazón...humillarte en la presencia de tu Dios, fueron oídas tus palabras; y a causa de tus palabras yo he venido. Mas el príncipe [principado demoníaco] del reino de Persia se me opuso durante veintiún días; pero he aquí Miguel, uno de los principales príncipes [arcángel], vino para ayudarme.
>
> —DANIEL 10:12-13

El ángel poderoso hizo una declaración dramática: "Vine a causa de tus palabras". Esta declaración deja en claro que los ángeles responden a las oraciones de los santos. Gabriel le dijo a Daniel lo mismo dos años antes: "En cuanto comenzaste a orar, Dios te respondió". (Vea Daniel 9:22-23, DHH).

Pero si Daniel no hubiera *continuado* en oración y ayuno, el ángel no había llegado. Era importante que Daniel perseverara en oración durante todos los veintiún días para obtener el rompimiento necesario. Su experiencia prueba que hay una relación dinámica entre lo que hacemos y la forma en que Dios visita una ciudad o nación. Recuerde, no se trata de "ganarse" nada, sino de alinearse con Dios a través de estar de *acuerdo* con su voluntad. Nuestras palabras son escuchadas debido a la muerte y resurrección de Jesús.

Daniel luchó contra el príncipe demoniaco de Persia al ponerse de acuerdo con Dios en oración y ayuno. Este ángel poderoso le informó que, "Miguel, uno de los príncipes principales, vino a ayudar" (Daniel 10:13). Un "príncipe principal" es un arcángel, es quien lidera a los ángeles.

Jesús puede superar fácilmente a un principado demoníaco. Sin embargo, su autoridad se ejerce o manifiesta en el ámbito terrenal a través de los creyentes que están de acuerdo con Él y que perseveran en obediencia y oración con fe. La razón por la que Jesús libera más su poder a través de las oraciones se debe a que Él quiere asociarse con su pueblo, y la oración es una de las maneras principales para que esa asociación se fortalezca.

Los eventos espirituales de Daniel 10 fueron registrados en las Escrituras para darnos un modelo de lo que Dios quiere hacer en nuestra era para entorpecer a los principados demoníacos sobre las naciones. Estos principados pueden ser resistidos cuando el Espíritu levanta a un "Daniel corporativo" para orar por la ayuda de los ángeles para vencer los poderes demoníacos que atacan a Israel. Sin duda, Daniel 10 es un modelo de guerra espiritual para la iglesia del tiempo final. Tomemos nuestro lugar ante el trono de Dios mientras seguimos este modelo de oración y pedimos la intervención de los ángeles en nuestro mundo actual.

## ¿QUÉ PUEDO HACER?

Propóngase orar por peticiones específicas por las que usted desea sinceramente ver un avance. Si siente un impulso para ayunar y orar, considere hacer el ayuno de Daniel con tiempos específicos para orar cada día.

## PARA REFLEXIONAR

"Entonces me dijo: Daniel, no temas; porque desde el primer día que dispusiste tu corazón a entender y a humillarte en la presencia de tu Dios, fueron oídas tus palabras; y a causa de tus palabras yo he venido" (Daniel 10:12).

*Señor, en este momento me alineo con tu Palabra y tu voluntad para enviar a los mensajeros celestiales a cumplir en la tierra lo que tú ya has declarado en el cielo.*

_____

_____

_____

_____

_____

_____

_____

_____

_____

_____

_____

_____

_____

_____

_____

_____

_____

_____

_____

_____

_____

_____

_____

## Día 68

# El estilo de vida de un intercesor eficaz

*Cuando Dios se prepara para hacer algo nuevo*
*con su pueblo, siempre los pone a orar.*
—EDWIN ORR

¿LE GUSTARÍA QUE sus oraciones movieran ángeles y demonios como lo hizo Daniel? ¿Le gustaría experimentar resultados similares cuando intercede? Si queremos un nivel más grande de eficiencia en la oración similar a lo que Daniel tuvo, debemos vivir como él vivió.

Entonces, ¿cómo es el estilo de vida de un intercesor eficaz? No entenderemos realmente el mensaje relacionado a la oración en Daniel 10 sin entender la dedicación de Daniel para Dios. Su estilo de vida estaba directamente relacionado a su eficacia en la oración. Debemos considerar su dedicación, especialmente en su *consistencia en la oración* a lo largo de su vida (Daniel 6:10); su determinación para disponer su corazón a andar *en obediencia incondicional* con Dios (Daniel 1:8); y su compromiso para obtener *entendimiento de la voluntad de Dios* para su generación (Daniel 10:12).

Es importante entender que la vida de fidelidad de Daniel no ganó el poder de Dios ni más eficiencia en la oración; más bien, posicionó a Daniel para vivir en mayor acuerdo con Dios, y fue este acuerdo lo que impactó la eficacia de sus oraciones. Sin embargo, el Antiguo Testamento no es el único lugar donde encontramos ejemplos de oración eficaz. El Nuevo Testamento también tiene mucho que decir sobre la calidad de nuestros estilos de vida y su relación con la oración eficaz. La esencia de la fe verdadera es estar de acuerdo con Dios: en nuestras palabras, corazón y estilo de vida.

Las oraciones de Daniel fueron ofrecidas por un hombre que era débil en la carne al igual que nosotros. Sin embargo, a través de la sangre de Jesús y de nuestro acuerdo con Dios, nuestras oraciones ofrecidas en debilidad ascienden al trono de Dios en poder, tal como lo hizo Daniel.

Durante los próximos días, veremos más de cerca cada una de estas tres características que marcaron el estilo de vida de Daniel.

## ¿QUÉ PUEDO HACER?

Decida ante Dios que usted será consistente en oración, rápido para obedecer y dispuesto a entender su voluntad. Pida al Espíritu Santo que lo responsabilice y le recuerde cuando se desvíe del curso. Pida al Señor que le muestre cualquier cosa que esté entorpeciendo su vida en oración. Estas no siempre tienen que ser problemas de pecado grande o radical. A veces, las pequeñas zorras son las que arruinan la viña (Cantares 2:15), las áreas pequeñas, indefinidas, en las que cedemos.

## PARA REFLEXIONAR

"Entró en su casa, y abiertas las ventanas de su cámara que daban hacia Jerusalén, [Daniel] se arrodillaba tres veces al día, y oraba y daba gracias delante de su Dios, como lo solía hacer antes" (Daniel 6:10).

> *Señor, quiero ser un hombre/una mujer de oración, consistente en reunirme contigo y obediente desde la primera vez que escuche una palabra. Enséñame a entender tu voluntad y andar en tus caminos. Dame la gracia para quitar todo lo que pueda obstaculizar el avance en mi vida y en la de los demás. Que yo pueda ver todo lo que hago a la luz de tu verdad.*

## Día 69

# Consistencia en la oración

*Solo en la presencia de Dios aprendemos a comportarnos.*
—C. S. Lewis

UNO DE LOS grandes milagros de la vida de Daniel fue su consistencia en la oración durante más de sesenta años. Él empezó a orar en su juventud, probablemente cuando era adolescente. Si usted, que lee esto, es un joven, le animo a seguir el ejemplo de Daniel y empezar o continuar teniendo momentos regulares de oración. O podría estar al final de sus años y arrepentirse de los muchos años que desperdició, espiritualmente hablando, y pensar que es demasiado tarde para empezar. Sin embargo, le tengo buenas noticias. ¡Nunca es demasiado tarde para empezar! Podemos empezar hoy y formar la costumbre de ser fieles en la oración por el resto de nuestros días.

Pienso en las complicaciones o las decepciones que una persona joven tiene muchas veces en sus veintes o treintas. Daniel sufrió los mismos reveces. Los detalles fueron distintos, pero las desilusiones generales fueron seguramente los mismos que los de los demás jóvenes en otras naciones y en otras generaciones. Él se negó a estar ofendido por lo que Dios "no hizo" por él en sus años de adulto joven ni se volvió amargado hacia quienes lo maltrataron o traicionaron, y él rehúso distraerse de su vida de oración por la gran cantidad de trabajo que le llegó debido a las promociones rápidas en su carrera política.

Oh, el milagro de una vida que se mantiene consistente en buscar al Señor durante décadas de cara a las experiencias positivas y negativas en la vida que a todos nos pasan. Tuvo que decir un millón de veces "No, no voy a desviarme; permaneceré consistente en mi vida de oración".

No tengo duda de que Daniel también enfrentó presiones y oportunidades en sus cincuentas y sesentas. Es fácil para los creyentes con buenas intenciones, de mediana edad, apartarse del compromiso que hicieron sobre sus relaciones con Jesús y específicamente de su vida de oración en su juventud.

Sin embargo, a pesar de los reveses, la resistencia, los placeres, las responsabilidades crecientes o las oportunidades maravillosas a través de los años, Daniel permaneció firme en la oración. Su consistencia es una de las razones principales por la que él tuvo una vida de oración muy eficaz en sus ochentas. También es una de las razones por las que Dios lo usó como ejemplo de un intercesor fiel y eficaz.

## ¿QUÉ PUEDO HACER?

Piense en los reveses y desilusiones que ha enfrentado en su caminar espiritual. Ahora, véalos otra vez con una "visión más amplia" de cómo Dios lo ha guardado e hizo que todo funcionara para su bien cuando parecía que nada bueno podía salir de ellos.

## PARA REFLEXIONAR

"Entonces Daniel respondió al rey: Oh rey, vive para siempre. Mi Dios envió su ángel, el cual cerró la boca de los leones, para que no me hiciesen daño, porque ante él fui hallado inocente; y aun delante de ti, oh rey, yo no he hecho nada malo" (Daniel 6:21-22).

> *Padre, me anima que nunca sea demasiado tarde para empezar de nuevo contigo. Quiero ser un orador fiel como lo fue Daniel. Ayúdame en mi debilidad, y anímame cuando caiga. Enséñame cómo ser consistente en mi obediencia a ti. Ayúdame a comprometerme nuevamente a obedecerte, pues así como tus misericordias son nuevas cada mañana, también es tu corazón hacia mí. ¡Te agradezco que estés a mi favor!*

---
---
---
---

## Día 70

# Obediencia incondicional

*Nada podemos hacer sin orar. Todas las cosas pueden hacerse
por la oración insistente. Esa es la enseñanza de Jesucristo.*
—E. M. BOUNDS

EL REGISTRO DE la historia de Daniel en la Escritura empieza
cuando él estaba en su adolescencia. En aquellos primeros días,
él se propuso no contaminarse con comida o placeres: "Y Daniel
propuso en su corazón no contaminarse con la porción de la comida
del rey, ni con el vino que él bebía" (Daniel 1:8). El punto principal
no es qué comida específica evitó, sino que él determinó enfrentar
la presión de grupo con obediencia incondicional. Él vio el estilo de
vida de otros jóvenes a su alrededor, y tomó la decisión de no vivir de
esa manera.

Sea usted joven o mayor, no es demasiado tarde para empezar.
Nunca es demasiado tarde para empezar. Podemos disponer nuestro
corazón para andar en obediencia incondicional a partir de hoy. Le
animo a hacer esa elección y decidir en su corazón no contaminarse
con alimentos, inmoralidad, pornografía, difamación, mentir sobre
las finanzas o cualquier otro pecado; y no estar demasiado ocupado
para pasar tiempo con Dios.

Daniel propuso en su corazón no contaminarse en todos sus días.
Estoy seguro de que, al final de su vida, cuando él compareció ante
Dios, no tenía remordimientos por haber desechado varios placeres.
Estoy confiado en que él no deseó haber pasado más tiempo recreán-
dose. En el último día, cuando todos comparezcamos ante Jesús,
ninguno lamentará haber pasado muy poco tiempo jugando videos
o viendo películas.

## ¿QUÉ PUEDO HACER?

Haga un listado de los placeres que puede "ayunar" durante la próxima semana o mes para hacer más espacio para Dios en su vida. Hágalo como una expresión de su amor por Él. Recuerde que no está ganando nada, sino expresando su amor por Él de manera práctica.

## PARA REFLEXIONAR

"Por cuanto fue hallado en él mayor espíritu y ciencia y entendimiento, para interpretar sueños y descifrar enigmas y resolver dudas…Entonces Daniel fue traído delante del rey. Y dijo el rey a Daniel: ¿Eres tú aquel Daniel…? Yo he oído de ti que el espíritu de los dioses santos está en ti, y que en ti se halló luz, entendimiento y mayor sabiduría" (Daniel 5:12-14).

> Señor, así como Daniel, me propongo en mi corazón no ser contaminado y andar en un espíritu excelente, siendo obediente a tu Palabra y a tu voluntad.

# Día 71

# Amado del Señor

*El tiempo que pasa a solas con Dios no es un desperdicio. Cambia*
*nuestros alrededores, y todo cristiano que ha de llevar una vida rele-*
*vante, y que tendrá poder para servir tiene que tomar tiempo para orar.*
—M. E. ANDROSS

EL SEÑOR REVELÓ su amor por Daniel en una manera profunda a través de un ángel, quien se dirigió a Daniel como el amado del Señor: "Y me dijo [el ángel]: Daniel, varón muy amado…" (Daniel 10:11).

Imagine un ángel de alto rango diciéndole: "El Señor te ama grandemente, y tú eres el amado por tu Dios"; en otras palabras, "El Señor está conmovido por la manera en que vives. Está conmovido por tu hambre de Él y por las elecciones en tu estilo de vida".

Sabemos que Dios ama al mundo. Él ama a los no creyentes, aunque no disfrute una relación con ellos. Pero hay otros en quienes Dios tiene especial deleite; eso es, Él se deleita en las elecciones que hacemos por Él. Jesús enseñó que el Padre ama a quienes le obedecen. A Él le encanta la relación que tiene con todo el que guarda sus mandamientos, y le encantan las elecciones que hacen en su vida.

Jesús hizo una declaración sorprendente: Él se manifestaría a aquellos que demuestren su amor por Él en sus palabras, acciones y estilo de vida. Ninguno es lo "suficientemente bueno" para merecer una manifestación mayor de la gloria de Dios. No se trata de ser lo suficientemente bueno, sino se trata de colocarnos en posición para recibir más de Dios.

Todo creyente puede tener una relación estrecha con el Señor. Durante su juventud, Daniel fue llevado a la fuerza a Babilonia como prisionero de guerra. Aun como preso, lejos de su hogar en Jerusalén y en una cultura extranjera, él determinó buscar a Dios con todo su corazón durante todos sus días. Hoy día, el Señor busca hombres y mujeres como Daniel, que dispongan su corazón para vivir ante Dios como lo hizo Daniel. Él permaneció firme en su amor por Dios y llevó a cabo su compromiso en su vida diaria hasta la muerte.

En mis más de cuarenta años de ministerio, he visto muchas personas ir arduamente tras Dios durante cinco años, o hasta diez años. La mayoría de ellos eran jóvenes en sus veintes. Para cuando llegaron a los treinta y cinco años, muchos tenían "buenas" razones para apartarse y empezar a ser más "prácticos". He visto solo a unos pocos permanecer constantes en la búsqueda de Dios, con diligencia durante veinte, treinta o más años. Daniel permaneció constante en buscar a Dios durante sesenta años, aun durante su tiempo en la ciudad pagana de Babilonia.

Quiero que en el último día, el Señor me diga: "Me encantó la manera en que usabas tu tiempo y dinero y la manera en que me obedeciste; me agradó la manera en que me amaste". Quiero que Él pueda decir de mí las cosas que dijo de Daniel. Quiero ser firme como este gran hombre de Dios, incluso cuando tenga ochenta años. ¿Y usted?

## ¿QUÉ PUEDO HACER?

Pida al Padre que lo acerque y mantenga su corazón ferviente ante Él todos los días de su vida para que, cuando su vida esté completa, también se diga de usted que "buscó a Dios arduamente".

## PARA REFLEXIONAR

"Pero tú has seguido mi doctrina, conducta, propósito, fe, longanimidad, amor, paciencia" (2 Timoteo 3:10).

> *Padre, permite que yo pueda vivir de tal manera que los demás, e incluso los ángeles, digan de mí: "El Señor se conmovió por la manera en que vives. Está conmovido por tu apetito por Él y por las elecciones que has hecho en tu vida". Te ruego que yo pueda llevar mi corazón de tal manera que te deleites en la forma en que vivo y las decisiones que tomo.*

## Día 72

# Oraciones para fortalecer
# su hombre interior

*Estamos demasiado ocupados para orar y, por lo tanto,
demasiado ocupados para tener poder. Tenemos muchí-
sima actividad, pero logramos poco; muchos servicios, pero
pocas conversiones; mucho equipo, pero pocos resultados.*
—R. A. Torrey

En su carta a los Efesios, el apóstol Pablo escribió la siguiente oración: "Doblo mis rodillas ante el Padre...para que os dé... el ser fortalecidos con poder en el hombre interior por su Espíritu" (Efesios 3:14-16).

El término *hombre interior* se refiere al alma de una persona: nuestra mente, emociones y voluntad. Es donde estamos más conscientes de nuestra interacción con el Espíritu Santo. Nuestro máximo llamado en la vida es nuestra unidad con Dios, y lo que sucede en nuestro hombre interior es un aspecto esencial de esa unidad. Por lo tanto, nuestro hombre interior es la parte más importante de nosotros.

Orar por nuestro hombre interior incluye aumentar nuestra intimidad con Jesús: concentrándonos en dar nuestro amor y devoción a Dios. Este tipo de oración abarca adoración, unidad con el Espíritu Santo y leer la Palabra en oración, incluyendo la apropiación de los nombres de Dios.

Tal como nuestra fuerza física puede aumentar o disminuir, así podemos experimentar la fuerza espiritual. No siempre podemos discernir los tiempos específicos cuando el Espíritu nos fortalece; generalmente, Él lo hace en pequeñas medidas. Yo lo comparo ser fortalecido en nuestro hombre interior con ser fortalecido al tomar vitaminas. Muchos de nosotros hemos tomado vitaminas durante años, pero no recordamos el día preciso en que nos dimos cuenta de que estaban marcando una diferencia. Sin embargo, sabemos que si tomamos vitaminas consistentemente, con el tiempo nos fortalecerán físicamente. Lo mismo sucede con nuestro hombre interior. Si pedimos con regularidad, el Espíritu santo liberará su poder en nuestro hombre interior (nuestra mente, emociones y voluntad), y con el tiempo, experimentaremos la fortaleza recién descubierta. Este fortalecimiento divino de nuestro corazón nos equipa a vivir piadosamente y nos capacita para resistir la transigencia, la depresión, el temor, el rechazo, la apatía espiritual y otras emociones y comportamientos negativos.

Así como debemos ser intencionales sobre tomar vitaminas, tenemos que ser intencionales sobre orar por el fortalecimiento y desarrollo de nuestro corazón en Dios. Experimentaremos más de la gracia de Dios que renueva nuestra mente y emociones si la pedimos con regularidad. Quiero enfatizar, de nuevo, la simple verdad que mencioné antes: Dios libera más bendición si la pedimos. En Santiago 4:2 se nos dice: "No tenéis, porque no pedís" (LBLA). El Señor sabe que tenemos necesidades, pero Él retiene muchas cosas hasta que se las pedimos.

## ¿QUÉ PUEDO HACER?

Pida al Señor que lo fortalezca con poder espiritual en su hombre interior. Haga tiempo para adorar, compartir con Espíritu Santo y leer la Palabra en oración. Cuando usted lee las Escrituras de esta manera, estas cobrarán vida para usted.

## PARA REFLEXIONAR

"Que [Dios] os conceda, conforme a las riquezas de su gloria, ser fortalecidos con poder por su Espíritu en el hombre interior" (Efesios 3:16).

> *Señor, fortalece mi corazón y equípame para llevar una vida piadosa en el presente; capacítame para resistir la transigencia, la depresión, el temor, el rechazo y la apatía espiritual. Señor, fortaléceme con poder en mi hombre interior para que sea fortalecido en el lugar preciso de mi debilidad. Gracias por tocar mi corazón con tu poder. ¡Me deleito en mi necesidad de ti!*

## Día 73

# Fraternice con el Espíritu Santo

*La lección principal sobre la oración es solo: ¡Hágalo! ¡Hágalo! ¡Hágalo!*
—John Laidlaw

El Espíritu Santo es una Persona dinámica que vive dentro de nuestro espíritu. Debemos fraternizar, o tener comunión, con Él hablándole con frecuencia. Debemos valorar y cultivar profunda y deliberadamente nuestra amistad con el Espíritu. Una forma para hacerlo es hablar con Él como el Dios que habita dentro de nosotros. Algunos se refieren a esta actividad como permanecer en oración, oración contemplativa, oración de comunión, concentrarse en la oración o la oración de quietud.

Un andar vibrante en el Espíritu es esencial en nuestra misión de experimentar más de Dios. Es inútil procurar experiencias profundas con Dios mientras descuidamos el liderazgo del Espíritu y la relación en nuestra vida. No podemos profundizar en Dios con un espíritu opaco. Es un privilegio glorioso para todo creyente poder fraternizar con el Espíritu Santo al grado que Él desea.

Nuestro mayor destino es incrementar nuestra intimidad con Dios a través del Espíritu que mora en nosotros y compartir así en las "dinámicas familiares" de la Trinidad. Somos increíblemente bendecidos de que Dios haya abierto tanto su corazón y vida familiar a su pueblo para que podamos confraternizar profundamente con Él. Esta es la esencia del cristianismo y de la verdadera oración.

Muchos piensan en la oración principalmente en términos de buscar la ayuda de Dios para resolver sus problemas, para obtener más bendiciones en sus circunstancias, o para suplir sus necesidades relacionadas a la enfermedad, las finanzas, los familiares que no son salvos, la soledad, el temor, la culpa, los conflictos de relación, etcétera. Sin embargo, hay mucho más para crecer en la oración que solo hacer peticiones para cubrir nuestras necesidades. Antes que nada, la oración es un llamado a tener comunión con Dios por medio del Espíritu que mora en nosotros.

## ¿QUÉ PUEDO HACER?

Dedique tiempo para leer Juan 14-17 y sea más intencional para hablar con el Espíritu Santo acerca de muchas cosas, incluyendo el deseo de Él para enseñarle y ayudarle.

## PARA REFLEXIONAR

"Que la gracia del Señor Jesucristo, el amor de Dios y la comunión del Espíritu Santo sean con todos ustedes" (2 Corintios 13:14, NVI).

*Señor, ayúdame a crecer íntimamente contigo a través del Espíritu Santo que mora en mí. Afina mis sentidos espirituales para que pueda estar entusiasmadamente consciente de tu presencia permanente cada momento del día. Espíritu Santo quiero conocerte y encontrarme más contigo. Te agradezco que sea tu gozo dar a conocer la gloria de Jesús. Hoy, te pido que me enseñes más de Jesús.*

# Día 74

## Ande con el Espíritu Santo

*Por ser un conocido muy íntimo de D. L. Moody, testifico que él
era mucho mejor orando que predicando. Cada vez, cuando los
obstáculos lo confrontaban, él conocía la forma de vencer las dificultades. Él sabía y creía que nada era demasiado difícil para el
Señor, y que la oración podía hacer todo lo que Dios podía hacer.*
—R. A. TORREY

EN GÁLATAS 5, Pablo nos exhorta a andar en el Espíritu, lo que
hacemos principalmente al desarrollar una amistad dinámica con
Él, y luego, de inmediato, nos dio una de las promesas más grandes
de la Escritura: "no satisfagáis los deseos de la carne".

> Digo, pues: Andad en el Espíritu, y no satisfagáis los
> deseos [pecaminosos] de la carne. Porque el deseo de la
> carne es contra [tiene conflicto] el Espíritu, y el del Espíritu
> es contra la carne.
>
> —GÁLATAS 5:16-17

En Gálatas 5:17, Pablo describió la guerra dentro de cada creyente:
la carne contra el Espíritu, y el Espíritu contra la carne. La "carne"
en la teología de Pablo incluye los placeres pecaminosos (sensuali-
dad, glotonería, alcoholismo, etcétera) y las emociones pecaminosas
(orgullo, amargura, enojo, disensión, etcétera). En todo, él identificó
diecisiete expresiones de la carne. Pablo no nos prometió que todos
los deseos carnales desaparecerían; él dijo que tendríamos el poder
para evitar ceder ante ellos y tropezar en ellos.

La única manera para vencer el poder de los deseos pecaminosos
es crecer en nuestra relación con el Espíritu Santo al estar interactuando activamente con Él. En otras palabras, andar en el Espíritu
es la condición principal para vencer estos deseos. El Espíritu peleará
contra ellos si nosotros interactuamos con el Espíritu que habita

en nuestro interior de manera personal. Él luchará poderosamente contra nuestros deseos carnales.

La manera para andar en el Espíritu es confraternizar con el Espíritu. Es así de sencillo. *Andamos en el Espíritu en la misma medida en la que hablamos con el Espíritu Santo.* ¿Cuándo fue la última vez que le habló al Espíritu Santo como una persona que vive en su espíritu? Debemos enfocar nuestra mente en Él y hablarle directamente (Romanos 8:6).

No *andaremos* en el Espíritu más de lo que *hablemos* con el Espíritu. Entender y practicar esto es crucial. De hecho, no le *obedeceremos* más de lo que le hablemos. Mi entendimiento de lo que Jesús dijo en Juan 15:5 es: "Aparte de estar conectados conmigo, permanecer en mí, *nada* pueden hacer".

Él no nos obligará a tener una conversación, pero si le hablamos, Él responderá. Una vez empezamos la conversación, Él la continuará siempre y cuando nosotros lo hagamos. Él nos habla por medio de impresiones sutiles que liberan su poder en nuestro corazón y mente.

Mientras más le hablemos al Espíritu, menos hablaremos con la gente en un sentido que apague al Espíritu Santo, a nuestro espíritu o al de los demás.

## ¿QUÉ PUEDO HACER?

Hable con el Espíritu para que pueda andar con el Espíritu. Preste atención a las pequeñas formas en que Él se presenta en su vida cuando lo incluye en sus conversaciones internas diarias.

## PARA REFLEXIONAR

"Ninguna palabra corrompida salga de vuestra boca, sino la que sea buena para la necesaria edificación, a fin de dar gracia a los oyentes. Y *no contristéis al Espíritu Santo*" (Efesios 4:29-30).

> *Señor, ayúdame a estar conectado contigo. Que mi relación contigo se haga más fuerte y profunda, hasta que mi carne se vaya haciendo cada vez más débil.*

# Hable con el Espíritu Santo

*La oración es lo primero, lo segundo, lo tercero*
*necesario para un ministro; ore, ore, ore.*
—Edward Payson

EL Espíritu anhela que andemos con Él, pero no obligará a quienes no tienen interés en sostener una conversación o amistad. Cuando le hablamos, Él nos responde. Muchas veces, cuando "habla" no usa palabras, sino más bien, nos da impresiones, sensibiliza nuestras emociones para que podamos sentir su cercanía o habla a través de su Palabra. Dios nos dirige por medio de una voz suave y apacible en nuestro hombre interior, la misma voz suave y apacible que usó para hablarle a Elías en 1 Reyes 19:11-13.

Tristemente, muchos creyentes no hablan con el Espíritu Santo, privándose así de la relación más preciada. San Agustín testificó que él perdió mucho tiempo buscando al Señor externamente en vez de ver hacia adentro. Una de mis oraciones favoritas, la que uso con más frecuencia, es pedir al Espíritu Santo que me permita ver lo que él ve y siente, lo que siente sobre mi vida, mi familia y otras personas, así como lo que ve y siente de Jesús, la iglesia, la cosecha, las naciones, los tiempos finales, etc.

Sea intencional cuando hable con el Espíritu; empiece por apartar un tiempo tres a cinco veces cada día (tenga la meta de tres a cinco minutos cada vez). Si le hablamos al Espíritu solo cuando somos tentados, en vez de que sea un estilo de vida, nuestro diálogo con el no tendrá el sustento para lograr que nuestro ser cambie. Al principio, podría ser difícil concentrar su atención en el Espíritu. A medida que lo haga, llegará a acostumbrarse a apartarse internamente para hablar con el Espíritu. Si su mente divaga, sencillamente regrese su atención al Espíritu.

Al dialogar con el Espíritu Santo, tome un tiempo para detenerse, hablándole lentamente. Incluya declaraciones de su amor por Él. Hable despacio, con susurros ocasionales como "Te amo, Espíritu Santo", mientras ora intermitentemente en el Espíritu. Practicamos la presencia de Dios sabiendo que se requiere tiempo para crecer en nuestra sensación de conexión con el Espíritu Santo. Mientras más le hablo directamente en privado, más siento su presencia en mi vida pública con los demás.

No se apresure y no use mucha palabrería. Él nos disfruta cuando reconocemos su presencia en nosotros. Lo sé porque puedo sentir el gusto que le da cuando reconozco su presencia. Al permanecer con mi atención internamente centrada en Él. Cuando hablo con el Espíritu Santo, no disparo mis oraciones una tras otra; hablo en frases cortas, le digo frases sencillas, lenta y suavemente. Es importante esperar con un corazón atento. A veces, suspiro con sutileza "con gemidos indecibles" (Romanos 8:26) entre momentos de silencio total. Hago esto mucho más de lo que vocalizo mis oraciones.

## ¿QUÉ DEBO HACER?

Sintonice sus oídos espirituales para escuchar la voz suave y apacible. Espere que Dios hable, y escuche activamente por su "voz interna audible".

## PARA REFLEXIONAR

"El Espíritu de Dios mora en vosotros…Cristo está en vosotros…el espíritu vive a causa de la justicia" (Romanos 8:9-10).

*Padre, deseo estar en tu presencia ahora mismo. Mi corazón y los "oídos" de mi espíritu están abiertos. Háblame, Señor.*

# Día 76

# Confíe

*He visto a muchos trabajar sin orar...pero nunca*
*he visto a nadie orar sin trabajar.*
—Hudson Taylor

GENERALMENTE USO CINCO palabras o frases sencillas para concentrar mi conversación con el Espíritu Santo. Las incluyo a continuación:

## GRACIAS:

Lo primero que hacemos es dirigir nuestra atención internamente para reconocer la presencia del Espíritu Santo y agradecerle sencillamente porque su presencia habita entre nosotros.

### Escritura

"El que permanece en mí, y yo en él, éste lleva mucho fruto; porque separados de mí nada podéis hacer".

—Juan 15:5

### Oración

*Gracias, Espíritu Santo, por tu presencia resplandeciente en mí.*
*Me encanta tu presencia. Separado de ti, nada puedo hacer.*

## LIBERA LA REVELACIÓN DE TU GLORIA

Le pido al Espíritu que libere la revelación de la gloria de Dios y de su corazón. Pablo vio a Jesús y a su gloria en una gran luz que venía del cielo el día de su conversión. Moisés oraba "por favor, muéstrame tu gloria" (Éxodo 33:18). Después su rostro brillaba con la luz de gloria. Al igual que Moisés, podemos pedir un encuentro con la gloria de Dios.

## Escritura

> De repente me rodeó mucha luz del cielo;…Y como yo no
> veía a causa de la gloria de la luz, llevado de la mano por los
> que estaban conmigo, llegué a Damasco.
>
> —HECHOS 22:6, 11

## Oración

> *Espíritu Santo, abre mis ojos para ver la gloria de Dios y
> encontrarme con su corazón. Te pido que me des la reve-
> lación de tu gloria. Permíteme ver la gloria y la belleza de
> Jesús como las vio Pablo.*

## ÚSAME

Pablo nos exhortó a procurar diligentemente a ser usados en los
dones del Espíritu Santo (1 Corintios 12:31). El Espíritu nos usará
más si le pedimos que lo haga.

## Escritura

> Pero a cada uno le es dada la manifestación del Espíritu
> para el bien de todos.
>
> —1 CORINTIOS 12:7

## Oración

> *Gracias por tus dones. Libéralos en mí en mayor medida,
> pues la Palabra dice que a cada uno le es dada la manifesta-
> ción del Espíritu. Espíritu Santo, libera la manifestación de
> tus dones y poder a través de mí para ayudar a otros. Deseo
> ser un vaso de tu presencia para glorificar a Jesús.*

## FORTALÉCEME

El Espíritu fortalecerá nuestro hombre interior al tocar nuestra
mente, emociones y nuestra manera de hablar con el poder de su
presencia. Debido a que el Espíritu vive en nosotros, el fruto del
Espíritu: amor, gozo, paz, etc., está en nuestro espíritu ahora. Así,

podemos experimentar más del poder de este fruto al agradecer al Espíritu que está en nosotros.

## Escritura

"Para que os dé, conforme a las riquezas de su gloria, el ser fortalecidos con poder en el hombre interior por su Espíritu".

—Efesios 3:16

## Oración

*Espíritu Santo, dame poder divino para fortalecer mi mente y emociones. Gracias por tu amor, paz y paciencia, que ya están obrando en mí.*

## ENSÉÑAME

El Espíritu Santo es un gran maestro comprometido a guiarnos a la voluntad y los caminos de Dios para que podamos vivir en profunda unidad con Él. Pida al Espíritu que le enseñe la Palabra, la voluntad y los caminos de Dios dándole sabiduría e ideas creativas para cada área de su vida, incluyendo la manera en que administra su dinero, sobresale y prospera en su carrera, administra su tiempo y horario, prospera en las relaciones (en su hogar, iglesia, oficina, ministerio), funciona en el ministerio y anda en pureza y salud (física y emocionalmente).

## Escritura

El Espíritu Santo...os enseñará todas las cosas.

—Juan 14:26

## Oración

*Espíritu Santo, te pido que me guíes y me enseñes en cada área de mi vida. Dame ideas nuevas, ordena mis pasos y abre puertas para relaciones nuevas, negocios nuevos y oportunidades ministeriales. Enséñame cómo vivir de manera que te complazca, y muéstrame cómo andar mejor en tu voluntad, bendición y prosperidad para mi vida. Dame conocimiento nuevo en tu Palabra, tu voluntad, tus caminos y tu corazón.*

## ¿Qué puedo hacer?

Acérquese al Señor desde el punto de partida de la gratitud profunda. Con eso como fundamento, está en posición para "crecer" en sabiduría y entendimiento.

## Para reflexionar

"Para que...el Padre de gloria, os dé espíritu de sabiduría y de revelación en el conocimiento de él alumbrando los ojos de vuestro entendimiento" (Efesios 1:17-18).

> *Señor, así como Moisés, te pido: "¡muéstrame tu gloria!".*
> *Enséñame para que pueda vivir en profunda comunión tu*
> *Espíritu Santo.*

_____

_____

_____

_____

_____

_____

_____

_____

_____

_____

_____

## Día 77

# Cómo leer la Palabra en oración

*El poder de la oración nunca puede ser sobrevalorado...Si un hombre puede orar, puede hacer cualquier cosa. Aquel que conoce cómo vencer con Dios, en oración, tiene los cielos y la tierra a su disposición.*
—CHARLES SPURGEON

HABLAR CON DIOS mientras leemos la Palabra hace que la oración sea fácil y placentera. Le repetimos las verdades de la Palabra de Dios a Dios mientras leemos. Cuando veo en retrospectiva sobre los cuarenta años de andar con el Señor, me doy cuenta de que leer la Palabra en oración, usando la Escritura como el "material de conversación" para mi comunicación con Jesús, ha sido la única actividad más significativa en mi vida espiritual. Esta actividad sencilla es primordial para permanecer en Cristo.

Recuerdo claramente el día cuando Juan 5:39-40 me impactó como un rayo y cambió radicalmente mi entendimiento de la oración. Tenía 18 años en ese momento y acababa de empezar mis años de universidad. Había apartado tiempo para orar diariamente y estudiar la Biblia; sin embargo, como dije antes en este libro, mis tiempos de oración eran muy aburridos. Luego me encontré con un pasaje bíblico en Juan que citaba a Jesús cuando reprendía a los fariseos por estudiar las Escrituras tratando de encontrar vida en el conocimiento bíblico en vez de en una relación con Él. Ellos estudiaban diligentemente la Biblia sin conectarse con Dios. Se enfocaban en la Palabra escrita, pero ignoraban a Jesús, la Palabra viva. Este pasaje me describió perfectamente.

Repentinamente se volvió obvio para mí que estaba buscando encontrar vida y experimentar la presencia de Dios solamente estudiando la Escritura y obteniendo más información bíblica. Llegué a comprender que la Escritura es como un "rótulo con luces neón" que señala a Jesús. Testifica de Él. Nos dice cómo es su corazón. Luego, leí el versículo 40: "y no queréis venir a mí para que tengáis vida". De inmediato entendí que significaba que ellos no hablaban con Él. Justo allí lo comprendí: necesitaba acercarme a Jesús, hablar con Él, mientras leía la Biblia. Acudir a Jesús en este contexto habla de más que recibir el perdón de nuestros pecados. Es un llamado a tener comunión con Él mientras leemos la Biblia.

En ese momento entendí que mientras leía, debía pasar de un "modo de estudio" puramente a un "modo de diálogo" y hablar con Jesús, la Palabra encarnada, a través de su Palabra escrita. Exclamé "¡Jesús, de ahora en adelante, hablaré contigo cuando lea la Biblia!". Ese día entendí, y empecé mi recorrido en lo que yo llamo "leer orando" la Palabra. Empecé en ese mismo momento, hablando con Él sobre cada frase mientras leía la Palabra. Podía sentir su presencia en mayor medida, y me gustó. ¡Y fue maravilloso cómo las cosas cambiaron en mi vida espiritual! Empecé a amar la Palabra de Dios. Era un sentimiento nuevo. Estaba lleno de expectativa sobre a dónde me llevaría esta práctica.

Han pasado más de cuarenta años, y he estado en un recorrido y una aventura gloriosa con Jesús y su Palabra en todo momento. No estoy diciendo que es glorioso cada vez que leo la Palabra. Algunos días, cuando leo en oración la Biblia se siente aburrido, pero generalmente es animado. Esta se convirtió en mi nueva manera de seguir adelante, y que quedé con ella.

Creo que usted tendrá la misma experiencia que yo. El cambio llegará, y empezará a amar la lectura de la Palabra y orar. Quizá el cambio no ocurra en un día; se desarrollará probablemente a lo largo del tiempo. Pero aférrese a ello. Estoy seguro de que le dará gusto haberlo hecho y que el esfuerzo habrá valido la pena.

## ¿QUÉ PUEDO HACER?

Si tiene hijos, recuerde cuán placentero era leerles en voz alta a sus hijos. O quizá puede recordar cuando le leían de esa manera en su niñez. Considere cuánto deleite tiene el Padre al escucharlo leerle su Palabra en voz alta.

## PARA REFLEXIONAR

"Escudriñad las Escrituras; porque...en ellas tenéis la vida eterna; y ellas son las que dan testimonio de mí; y no queréis *venir a mí* [hablar conmigo] *para que tengáis vida*" (Juan 5:39-40).

*Señor, mientras lea tu Palabra hoy, permíteme ver con ojos nuevos y escuchar con oídos nuevos lo que dices. Ayúdame a dialogar contigo cuando me abres las Escrituras de una manera nueva.*

## Día 78

# Aprópiese de los nombres de Dios

*Deje al mundo afuera, apártese de los pensamientos y las*
*ocupaciones mundanas, y enciérrese a solas con Dios, para*
*orar a Él en secreto. Que este sea su objetivo principal en*
*la oración: notar la presencia de su Padre celestial.*
—ANDREW MURRAY

HACE AÑOS, EL libro de mayor venta de Larry Lea *¿Ni tan solo una hora?* Donde él enseñó a millones de personas cómo apropiarse en oración de los nombres de pacto de Dios. Compartiré algunos extractos de su libro porque creo que apropiarse de los nombres de Dios es una manera poderosa de crecer en la oración.

Jesús nos enseñó a orar que el nombre del Padre fuera "santificado" (Mateo 6:9). *Santificar* el nombre de Dios significa consagrar, apartar, reverenciar. En la oración, santificamos el nombre de Dios al declararlo con un espíritu de adoración por las varias verdades implicadas por su nombre.

Entonces, ¿cómo nos apropiamos de los nombres de Dios? Los declaramos con fe y adoración al orar. Esta actividad resulta en el poder y la bendición asociada a las verdades que se liberan en nuestra vida.

Cuando Dios le dio a Moisés una revelación especial de sí mismo, Él usó el nombre "YHWH", o como se escribe a veces, "Jehová". Este es el nombre de pacto de Dios, o el nombre que Él usa para enfatizar su pacto con su pueblo. Este nombre se le dio primero a Moisés en la zarza ardiente (Éxodo 3:13-15) cuando Dios se reveló a sí mismo como el Dios eterno, quien es autoexistente, extraordinario y que no cambia. El Señor dijo "YO SOY EL QUE SOY". Los escribas hebreos consideraban este nombre demasiado sagrado para pronunciarlo, así que usaron solo cuatro letras "YHWH" o "JHVH", para indicar el nombre impronunciable de Dios, lo cual se escribe en español como "Jehová".

En el Antiguo Testamento, ocho nombres de Dios están compuestos con el nombre de pacto "Jehová". Los ocho nombres compuestos revelan un aspecto del carácter de Dios y corresponden a las promesas en el Nuevo Testamento.

+ *Jehová Tsidkenu*: El Señor nuestra justicia
+ *Jehová M'kaddesh*: El Señor que santifica
+ *Jehová Shammah*: El Señor está allí
+ *Jehová Shalom*: El Señor es nuestra paz
+ *Jehová Rapha*: El Señor que sana
+ *Jehová Jireh*: El Señor proveerá
+ *Jehová Nisi*: El Señor es mi bandera
+ *Jehová Rohi*: El Señor es mi pastor

El Señor Jesús es nuestra justicia, santificador, paz, sanador, proveedor, pastor, bandera y el que está presente dentro de nosotros. Estos nombres de Dios del Antiguo Testamento revelan dimensiones diferentes de su carácter que se expresan en Jesús.

## ¿QUÉ PUEDO HACER?

Memorice cada nombre de pacto de Dios para que pueda tenerlos en su arsenal de oración para cuando los necesite. El Señor se regocija cuando ve a sus hijos e hijas declarar su majestad y esplendor.

## PARA REFLEXIONAR

"Vosotros, pues, oraréis así: Padre nuestro que estás en los cielos, santificado sea tu nombre" (Mateo 6:9).

*Gracias, Jesús, por ser la personificación total de cada uno de estos atributos gloriosos. ¡Te pido un conocimiento más profundo de cada uno! Señor, con fe y adoración, declaro que tú eres [nombre de pacto específico] sobre mi vida en este momento. Gracias porque incluso mientras pido, tú ya estás enviando la respuesta.*

# Día 79

# Oración + ayuno

*El ayuno ayuda a acelerar, profundizar, confirmar la resolución*
*de que estamos listos para sacrificar cualquier cosa, incluso a noso-*
*tros mismos, para alcanzar lo que buscamos para el reino de Dios.*
—ANDREW MURRAY

**C**UANDO CONOCÍ AL Señor siendo un joven, no me gustaba ayunar. Muchas veces, me proponía pasar el día en ayuno y oración, y dentro de pocas horas, estaba listo para rendirme y me quejaba: "¿Por qué diseñaste tu reino así? ¿Por qué quieres que me quede aquí sin hacer nada más que decirte lo que ya sabes y sin comer? ¿Cuál es el objetivo de esto? Señor, ¡podría estar impactando la vida de muchas personas si me dejaras hacerlo en lugar de desperdiciar mi vida en oración y ayuno!". Nada me parecía más ineficiente, pero Dios estaba enseñándome que sus caminos son más altos y sabios que los nuestros.

Dios había ordenado su reino de tal manera que algunas cosas que al ser humano le parecen débiles, en realidad son poderosas ante Dios. En nuestra mente natural, podríamos discutir contra tomar el tiempo para orar y ayunar, pero Dios quiere que entendamos que esta es la manera en que su poder es liberado con más eficiencia en nuestro corazón y ministerios.

Hay varios principios bíblicos relacionados con el ayuno para que usted esté consciente cuando empieza a involucrarse en esta disciplina. Dichos principios describen el ayuno como una invitación, una paradoja, una gracia y una expresión de humildad.

**El ayuno como invitación:** Dios no requiere que ayunemos, pero recompensa quienes eligen hacerlo: "Cuando ayunes…tu Padre que te ve en lo secreto te recompensará en público" (Mateo 6:17-18). Un aspecto de la recompensa del Padre incluye ver más de su reino expresado en nuestra vida y circunstancias y a través de ellas, así como también ver nuestra capacidad espiritual aumentada para encontrar más de su corazón (lo cual, claro está, nos lleva a experimentar más de sus bendiciones). El ayuno es para quienes tienen apetito, hambre de experimentar más en su relación con Jesús.

**El ayuno es una paradoja:** La paradoja del ayuno es que cuando experimentamos debilidad en nuestra carne, somos fortalecidos en nuestra vida espiritual; cuando experimentamos el dolor de la crudeza, nuestro corazón se ablanda ante Dios y se prepara para recibir más fortaleza.

**El ayuno como una gracia:** No podremos sustentar un estilo de vida de ayuno en nuestras propias fuerzas; es posible solo por medio de la gracia de Dios. Le animo a pedir gracia para entrar en el misterio de conectarse con Dios a través del ayuno. Nos decimos a nosotros mismos que ayunar es demasiado difícil y que estaremos muy cansados e incómodos; pero, de hecho, el temor al ayuno es peor que el ayuno mismo. Nuestro cuerpo fue creado para operar en su máximo punto con ayuno regular. La práctica de ayunar cada semana regularmente le ayudará a desarrollar una historia personal en Dios en la gracia de la oración y el ayuno.

**El ayuno es una expresión de humildad:** David habló del ayuno como humillarse a sí mismo ante Dios (Salmo 35:13; 69:10). Cuando ayunamos, nuestro cuerpo se cansa fácilmente, nuestra mente podría no estar clara, nos sentimos incapaces de funcionar a nuestra máxima potencia, y la debilidad parece difundirse en todo lo que hagamos. Nos definimos incapaces de hacer bien nuestro trabajo. Ayunar nos humilla, y así es como Dios lo diseñó. La Biblia lo describe como "aleccionador" o "afligir" el alma de uno (Isaías 58:3, 5). Solo la gente desesperada, los que reconocen su propia gran necesidad y quieren declarársela a Dios, ayunan y oran.

## ¿QUÉ PUEDO HACER?

Busque en la Escritura, las veces diferentes donde la gente ayunó y vea lo que Dios hizo. Luego, pregúntele al Señor si Él le daría la gracia para ayunar. ¿Qué debería ayunar? ¿Comida? ¿Conectarse a los medios sociales? ¿Postres? Haga su elección a solas con el Señor.

Busque en la internet: "ayuno de Daniel" y entre en un ayuno como lo hizo Daniel, comiendo principalmente frutas, vegetales y nueces, con tiempos específicos diarios para orar.

## PARA REFLEXIONAR

"Bienaventurados los que tienen hambre y sed de justicia, porque ellos serán saciados" (Mateo 5:6).

*Señor, al proponerme en mi corazón consagrarme a ti, fortaléceme con gracia para ayunar como parte de mi estilo de vida. Me humillo ante ti, mi Dios.*

## Día 80

# Siete tipos de ayuno bíblico

*La oración es la mano con la que alcanzamos lo invisible; el ayuno,*
*es la otra mano, con la que soltamos y desechamos lo visible.*
—ANDREW MURRAY

HALLAMOS SIETE TIPOS de ayuno en la Escritura. Por favor, observe que las categorías se traslapan de algún modo. Sea sensible a la dirección del Espíritu Santo para que le revele a qué tipo de ayuno podría ser llamado en los próximos días, semanas o meses.

**1. Ayuno para experimentar una medida mayor del poder de Dios en el ministerio personal**

Podemos ayunar por una mayor liberación del poder de Dios en nuestra vida y ministerios. Jesús se refirió a este tipo de ayuno cuando los discípulos no podían libertar a un joven endemoniado. Él les dijo: "Este género [de demonio] no sale sino con oración y ayuno" (Mateo 17:21). El poder de las prédicas de Juan el Bautista estaba indudablemente conectado con su estilo de vida de ayuno (Mateo 11:18). Lo mismo se puede decir del poder en el ministerio del apóstol Pablo. Ayunar era una parte regular de la vida de Pablo.

Los historiadores testifican que la iglesia primitiva ayunaba dos veces a la semana (miércoles y viernes) para experimentar más del poder de Dios. A lo largo de la historia de la iglesia, muchos hombres y mujeres ungidas practicaban el ayuno regular cuando dirigían grandes avivamientos.

**2. Ayuno por dirección**

Uno de nuestros deseos más profundos es conocer la dirección de Dios para nuestra vida, y el ayuno nos coloca en posición para recibir más dirección del Señor. A lo largo del Nuevo Testamento, vemos que los primeros creyentes ayunaban por este propósito. Inmediatamente después de la conversión de Pablo, en el camino a Damasco, él ayunó alimento y bebida durante tres días, esperando recibir una dirección clara de parte del Señor (Hechos 9:9). Unos años después, Pablo y los líderes de la iglesia de Antioquía ayunaron y oraron por dirección. Dios habló claramente, dándoles una misión estratégica para alcanzar a los gentiles enviando a Bernabé y a Pablo (Hechos 13:1-2). Así, el primero de los recorridos misioneros de Pablo fue el resultado directo de la oración corporativa, ayunando y buscando a Dios, y cambió la historia.

### 3. Ayuno para el cumplimiento de las promesas de Dios

El Señor tiene planes y promesas para cada ciudad sobre la tierra. La intención del Señor para nosotros es que le pidamos activamente el cumplimiento de las promesas. La Escritura relata muchas historias de hombres de fe a quienes Dios usó para acompañar el cumplimiento de sus promesas. Hoy día, cuando vemos multitudes dirigiéndose al infierno y la iglesia luchando con la esterilidad espiritual, la solución bíblica es clara. Tenemos que orar y ayunar hasta que veamos un avance relacionado a las cosas que Dios ha prometido para nuestras ciudades y naciones.

### 4. Ayuno para detener una crisis

El ayuno para evitar una crisis nacional o individual era una práctica regular en los tiempos del Antiguo Testamento. Una y otra vez, Dios revirtió la situación desesperada de Israel cuando ellos buscaron al Señor en oración y ayuno corporativo. Los ejemplos de humillarse con ayuno durante un tiempo de crisis personal también aparecen en toda la Escritura. Ana estaba tan angustiada por su esterilidad física que "lloraba y no comía" (1 Samuel 1:7) mientras derramaba su alma ante Dios en la súplica por un hijo. Dios respondió su clamor y quitó su esterilidad dándole un hijo que creció para convertirse en el poderoso profeta Samuel (1 Samuel 1:20).

### 5. Ayuno por protección

La Escritura también nos da ejemplos de oración con ayuno por protección personal. Esdras, el sacerdote, ayunó y oró, pidiendo a Dios protección sobrenatural a través de tierras extranjeras mientras guiaba a un grupo de judíos de regreso a Jerusalén para ayudarle a los israelitas que ya estaban reconstruyendo la ciudad.

Después de que Amán puso en movimiento el plan para aniquilar a todos los judíos y quitarles sus posesiones (Ester 3:13; 4:7), la reina Ester convocó a los judíos en Persia para ayunar durante tres días y ellos clamaron en oración con ayuno (Ester 4:16). El Señor la usó para revertir la situación entre los judíos; salvándolos así del plan malvado de Amán (Ester 9:1).

La historia de la iglesia está llena de ejemplos de los siervos de Dios siendo librados de perecer y del peligro como respuesta a la oración y el ayuno. La iglesia del presente debería estar obligada a involucrarse en estas disciplinas con mayor razón aún a medida que los días se vuelven peores. (Vea Lucas 21:34-36).

## 6. Ayuno por sabiduría para conocer el plan de Dios para el tiempo final

El Espíritu Santo está levantando mensajeros precursores que tendrán una medida aumentada de sabiduría en lo que la Escritura dice sobre el plan de Jesús del tiempo del fin. Daniel profetizó que en los últimos tiempos, Dios levantaría gente con entendimiento profético que enseñaría a multitudes (Daniel 11:33-35; 12:4; 10). Dios respondió la determinación de Daniel para obtener sabiduría profética en los planes de Dios.

Creo que el Señor enviará ángeles a algunos de sus profetas de los tiempos finales como lo hizo con Daniel para darles sabiduría aumentada en lo que está por venir. Al igual que Daniel, esas personas tendrán que disponer en su corazón obtener más entendimiento a través de la oración y el ayuno.

## 7. Ayuno por intimidad con Dios (el ayuno del Esposo)

Entonces vinieron a él los discípulos de Juan, diciendo: "¿Por qué nosotros y los fariseos ayunamos muchas veces, y tus discípulos no ayunan?". Jesús les dijo: "¿Acaso pueden los que están de bodas tener luto entre tanto que el esposo está con ellos? Pero vendrán días cuando el esposo les será quitado, y entonces ayunarán".

—MATEO 9:14-15

En estos versículos, Jesús habló de un nuevo tipo de ayuno basado en su identidad como Dios el Esposo y su deseo de estar con Él. Es un ayuno motivado principalmente por el deseo de uno por Jesús en lugar de por una necesidad de más poder, dirección ministerial, intervención divina o protección, etc.

Fuimos hechos para amar y ser amados por Dios, y Él nos ha hecho para anhelarlo hasta que el clamor de nuestro corazón sea respondido. El Señor aumenta nuestra experiencia de Él a través del proceso de avivamiento y al responder a nuestros deseos.

## ¿QUÉ PUEDO HACER?

Lea nuevamente los siete tipos de ayuno. Vea cuál hace eco en usted y programe un tiempo para ayunar según ese patrón durante las próximas dos semanas.

## PARA REFLEXIONAR

"¿Son ministros de Cristo?… Yo [Pablo] más… en muchos ayunos" (2 Corintios 11:23, 27).

> Señor, hazme sensible a la dirección de tu Espíritu Santo para que pueda saber cuándo estoy llamado a ayunar, y la intención de tu corazón al convocar el ayuno.

_____

_____

_____

_____

_____

## Día 81

# Ore en el Espíritu

*Si la vida espiritual está sana, bajo el poder total
del Espíritu, orar sin cesar será natural.*
—Andrew Murray

En su primera carta a los corintios, Pablo describió dos tipos diferentes del don de lenguas: dos expresiones diferentes con dos propósitos distintos. Yo había pasado por alto este punto clave a principios de mi ministerio cuando enseñaba que el don de lenguas no estaba disponible para todo creyente.

Una vez que vi que había dos tipos diferentes de lenguas en la Biblia, entendí que dos puntos de vista de las lenguas aparentemente contradictorios eran bíblicos: (1) que solo *algunos* creyentes, no *todos*, tienen el don de lenguas (1 Corintios 12:30); y (2) que "todos" podían recibir el don de lenguas (1 Corintios 14:5; Marcos 16:17). Además, llegué a ver que hay una diferencia significativa entre el don de lenguas dado para *beneficio del cuerpo corporativo* (1 Corintios 12:7), cuando el predicador les habla a las personas; y las lenguas dadas como un lenguaje de oración devocional para *beneficio de los individuos* que usan el don para hablar privadamente con Dios (1 Corintios 14:2, 4).

Pablo distinguía entre el uso público y privado del don de lenguas. En 1 Corintios 14:18-19 él agradeció a Dios que él hablaba en lenguas más que los demás, pero dijo que cuando estaba en la iglesia, prefería decir cinco palabras con su entendimiento que 10 000 palabras en lenguas. Es decir, su expresión: "hablo en lenguas más que ningún otro" se refería a usar su lenguaje personal de oración, no a dar expresiones en lenguas en un servicio eclesiástico público. Él hizo una distinción clara entre los dos tipos de hablar en lenguas.

Jesús dijo que hablar en nuevas lenguas era una de las señales que seguirían a quienes creían en Él (Marcos 16:17). Por lo tanto, todo creyente puede recibir el don de lenguas para su uso *personal* como un lenguaje de oración devocional, pero no todos recibirán el don de lenguas para uso *público* en un servicio eclesiástico.

## ¿QUÉ PUEDO HACER?

Tenga cuidado de no descuidar su lenguaje personal de oración (lenguas). Úselo en su rincón de oración y cuando esté reunido con otros creyentes durante un tiempo de oración corporativa (en voz baja).

## PARA REFLEXIONAR

"Doy gracias a Dios que hablo en lenguas más que todos vosotros; pero en la iglesia prefiero hablar cinco palabras con mi entendimiento, para enseñar también a otros, que diez mil palabras en lengua desconocida" (1 Corintios 14:18-19).

> *Padre, gracias por el don del Espíritu Santo: mi lenguaje de oración devocional. Aviva el don dentro de mí para que pueda orar verdaderamente sin cesar.*

_____

_____

_____

_____

_____

_____

_____

_____

_____

_____

_____

_____

## Día 82

# Los beneficios de hablar en lenguas

*Las personas pueden rechazar nuestro mensaje,*
*oponerse a nuestros argumentos o despreciarnos, pero*
*están indefensos contra nuestras oraciones.*
—Sidlow Baxter

En 1 Corintios 14, Pablo dio tres beneficios de hablar en lenguas: hablar misterios (versículo 2); edificarse a sí mismo (versículo 4); y bendecir y agradecer a Dios (versículo 17).

### Hablar misterios

> Porque el que habla en lenguas no habla a los hombres, sino a Dios; pues nadie le entiende, aunque por el Espíritu habla misterios.
>
> —1 Corintios 14:2

Cuando hablamos en lenguas, tenemos comunión con el Espíritu Santo, quien a veces, nos da información que nos ayuda a entender la voluntad de Dios y su sentir por nosotros. Hablar misterios no se trata de recibir "verdades especiales" que están disponibles solo para unos cuantos. Cuando hablamos misterios en lenguas, en nuestro lenguaje de oración, podemos recibir impresiones leves y sutiles de parte del Señor en la misma manera en que vienen a nosotros las palabras de conocimiento. Estas impresiones podrían darnos información sobre cómo Dios quiere tocarnos a nosotros o a alguien más a través de nuestras oraciones.

El Espíritu Santo posee todo el conocimiento del Padre y del Hijo; un predicador se refirió a Él como el "buscador máximo" del corazón de Dios. Él es el único que sabe las cosas profundas del Padre y del Hijo. Él nos da una porción de lo que busca cuando interactuamos más con Él al hablarle con nuestra mente y al orar con nuestro espíritu.

## Edificándose a sí mismo

El que habla en lengua extraña, a sí mismo se edifica; pero el que profetiza, edifica a la iglesia.

—1 Corintios 14:4

Pablo nos llamaba a no ser egocéntricos, sino edificar nuestra vida espiritual. Esencialmente, él estaba animándonos a "cargar nuestras baterías espirituales". Edificarse uno mismo significa sencillamente ser fortalecido o edificado. Judas 20 también habla de "orar en el Espíritu Santo" para edificar nuestra fe personal. Hacerlo resulta en que nuestros corazones se vuelven más blandos y sensibles a las cosas del Espíritu Santo y nos capacita para recibir misterios y dar gracias a Dios (1 Corintios 14: 16). Ser edificado en nuestra vida espiritual es un aspecto esencial de andar en el Espíritu y ministrar en su poder. Nunca he sabido de nadie que opere en lo profético o en el ministerio de sanidad que no hable en lenguas regularmente en su tiempo de oración privado.

Pablo se refirió varias veces a la idea de orar noche y día, u orar sin cesar (1 Tesalonicenses 3:10; 5-:17). Estoy seguro de que una de las maneras en que él pudo orar muy consistentemente era al orar en lenguas mientras hacía otras cosas, tales como coser tiendas (Hechos 18:3; 20:34) o caminar de una ciudad a la siguiente. Cuando sus manos estaban cosiendo tiendas, su corazón estaba unido a Dios ya que él oraba mucho en el Espíritu. Cuando llegué a entender que orar en lenguas es útil para edificar nuestra vida espiritual y crecer en las cosas del Espíritu, me provocó procurar orar sin cesar por medio de la oración en lenguas por lo menos parte del tiempo.

## Bendecir y agradecer a Dios

Porque si bendices sólo con el espíritu, el que ocupa lugar de simple oyente, ¿cómo dirá el Amén a tu acción de gracias? Porque tú, a la verdad, bien das gracias.

—1 Corintios 14:16-17

Cuando oramos en el Espíritu, en realidad estamos ministrando a Dios al bendecirlo y darle gracias, y Él recibe nuestro agradecimiento. Hablar así en lenguas es un don devocional que usamos para bendecir, alabar y adorar a Dios en una manera que difiere de nuestro dar gracias solo mentalmente.

Cuando oro en lenguas, muchas veces centro mi mente en la escena centrada en el trono de Dios en el cielo (vea Apocalipsis 23:4) y hablo directamente con el Padre. Otras veces, habla con el Espíritu Santo, quien habita en mi espíritu (Romanos 8:9; 2 Corintios 13:14). Animo a las personas a hablar con el Espíritu Santo que está en su interior. Las religiones del este miran hacia adentro, pero no ven nada. Este es un gran error. Buscamos a una verdadera persona, el Espíritu Santo.

## ¿QUÉ PUEDO HACER?

Observe cuán animado y edificado está cuando habla en lenguas. Confíe que el Espíritu Santo está diciendo misterios a través de usted y déjelo que lo haga a su manera.

## PARA REFLEXIONAR

"El Espíritu todo lo escudriña, aun lo profundo de Dios…hemos recibido…al Espíritu que proviene de Dios, para que sepamos lo que Dios nos ha concedido" (1 Corintios 2:10; 12).

*Señor, gracias por el don de lenguas que edifica y construye mi espíritu.*

_____

_____

_____

_____

_____

## Día 83

# Cante en el Espíritu

*Con seguridad, aquello que ocupa la totalidad del
tiempo y la energía del cielo [adoración y oración]
tiene que ser un patrón adecuado para la tierra.*
—PAUL E. BILLHEIMER

**D**IOS CREÓ AL ser humano de manera que nuestro espíritu pudiera interactuar con Él al hablar o *cantar* en lenguas (1 Corintios 14:15; Efesios 5:19; Colosenses 3:16). Tanto cantar con nuestro espíritu como con nuestro entendimiento es importante en nuestra vida espiritual. Pablo enseñó que si cantamos la Escritura de corazón, experimentaremos la gracia de Dios y la presencia del Espíritu. (Vea Efesios 5:18-19).

Nuestro corazón se anima y suaviza al cantar espontáneamente la Palabra y cantándola con nuestro espíritu; hacerlo nos vuelve más sensibles al Espíritu Santo. He descubierto el poder de cantar espontáneamente a Dios pasajes de la Biblia y cantar intermitentemente en lenguas, lo que muchas veces resulta en el toque del Espíritu Santo en las cámaras profundas de mi corazón. Le animo a que haga esto con regularidad.

Cantar la Palabra impacta nuestro corazón más que solamente pronunciarla o escuchar que otros la digan. Dios diseñó el corazón humano para que fuera profundamente tocado por la música y el canto. Mientras cantamos la Palabra y cantamos con nuestro espíritu, recibimos los misterios (impresiones divinas del Espíritu Santo) y obtenemos sabiduría de la Palabra. El Espíritu Santo nos dará cada vez más si cantamos la Palabra y cantamos consistentemente con nuestro espíritu.

Es claro que nuestra comunión con Dios se fortalece a través de la oración y el canto en lenguas porque nuestro espíritu interactúa con Dios en una manera que se extiende por encima de orar mentalmente.

Orar o cantar en lenguas nos capacita para decir y recibir misterios (1 Corintios 14:2), para edificarnos (versículo 4), para bendecir a Dios (versículo 16), y para orar continuamente (versículo 18) en una forma que edifique nuestra fe. Así, suaviza nuestro corazón y nos sensibiliza para las cosas del Espíritu Santo.

La buena noticia es que todo creyente puede orar en el Espíritu porque no se requiere capacitación especial ni habilidad intelectual. Es un don espiritual que puede beneficiarnos grandemente a medida que crecemos en la oración. Usar este don facilita prolongar la oración durante periodos largos porque no tenemos que seguir descubriendo maneras diferentes de expresar nuestras ideas. Nuestro espíritu se comunica fácilmente con el Espíritu Santo cuando oramos en lenguas.

## ¿QUÉ PUEDO HACER?

Cuando haga sus actividades diarias, ore deliberadamente en el Espíritu. Le insto a que haga de esto una parte de su comunicación diaria con el Señor. En su vehículo o cuando salga a caminar, dedíquese a hablar o cantar en el Espíritu.

## PARA REFLEXIONAR

"La palabra de Cristo more en abundancia en vosotros, enseñándoos y exhortándoos unos a otros en toda sabiduría, cantando con gracia en vuestros corazones al Señor con salmos e himnos y cánticos espirituales" (Colosenses 3:16).

*Señor, quiero cantar alabanzas a tu nombre, con mi entendimiento y en el Espíritu.*

_____

_____

_____

_____

## Día 84

# Reciba el don de lenguas

*Hay una forma general de orar que falla por falta de precisión.*
*Es como si un regimiento militar debiera disparar todas sus*
*armas en cualquier parte. Posiblemente alguien será muerto,*
*pero la mayor parte de los enemigos no será alcanzada.*
—CHARLES SPURGEON

**C**ADA PERSONA QUE ha recibido a Jesús y su don gratuito de salvación tiene acceso al don de lenguas como un lenguaje personal de oración. Si usted nunca ha recibido su lenguaje de oración devocional (el don de lenguas), entonces puede pedirlo ahora. Es muy sencillo: solo pida al Padre que le dé esta gracia particular del Espíritu.

Algunos dicen que si el Espíritu quiere que ellos hablen en lenguas, entonces Él hará que lo hagan. Sin embargo, el Espíritu no "obligará" a nadie a hacer algo, incluso hablar en lenguas. Algunos esperan tener una sensación abrumadora del Espíritu; sin embargo, muchas veces el Espíritu toca a las personas como una brisa suave. Por lo tanto, cuando ore por el don de lenguas, podría percibir ligeramente la presencia de Dios, o podría sentir una suave necesidad de hablar. Le animo a decir las palabras que el Espíritu le da en su nuevo lenguaje de oración y vea lo que sucede. No siempre es poderoso, a veces empieza muy gentil y sutilmente. Dios es fiel para darles buenos dones a sus hijos cuando ellos se lo piden. Si usted desea crecer en la oración, le animo a que use este don con regularidad.

Pablo les dijo a los corintios: "No impidáis el hablar en lenguas" (1 Corintios 14:39). Prohibirnos a nosotros mismos el hablar en lenguas es subestimar la bendición de edificarnos espiritualmente y de hablar misterios, disminuyendo así nuestra capacidad para experimentar las cosas del Espíritu. No sé de nadie que trabajando en el ministerio profético o de sanidad no hable en lenguas.

Orar en lenguas es un beneficio universal para todos los creyentes.

No es un requerimiento ni una prueba de salvación; más bien, es un beneficio que está disponible para nosotros a través de la obra de Jesús y la del Espíritu Santo. No está reservado para quienes tienen un llamado especial. No requiere capacitación, cualidad ni preparación especial. Es un regalo gratuito para todos debido a la sangre de Jesús. Es un don gratuito para todos como una parte de los beneficios de nuestra salvación.

## ¿QUÉ PUEDO HACER?

Si nunca ha recibido el don de lenguas, pida al Padre, en su tiempo devocional, hoy y abra su boca para alabarle en una lengua nueva. Está bien si solo salen unas cuantas sílabas. A medida que practique, se volverá más fluido y notará que aparece un nuevo lenguaje.

## PARA REFLEXIONAR

"Así que, hermanos, procurad profetizar, y no impidáis el hablar lenguas" (1 Corintios 14:39).

> *Señor, gracias por el don de orar en lenguas. Tú eres un buen Padre que da buenos dones a sus hijos.*

## Día 85

# Reciba el espíritu de oración

*La oración es un punto de partida y un objetivo para cada movimiento en el que se encuentran los elementos del progreso permanente. En cualquier parte donde se levante la iglesia... alguien, en algún lugar, ha estado orando.*
—A. T. Pierson

Así como Jesús es un intercesor, también los es el Espíritu Santo. Él intercede para que se haga la voluntad de Dios sobre la tierra. Él ora tanto *por* nosotros como *a través de* nosotros. A veces, Él derrama sobre los intercesores un espíritu de ruego al que se le conoce comúnmente como "el espíritu de oración". El espíritu de oración es una gracia especial dada por el Espíritu Santo que da poder a la oración en y a través del cuerpo de Cristo.

El espíritu de oración, o el don de la oración ungida, se manifiesta a través de nosotros en momentos especiales cuando somos tocados con una medida inusual de la actividad del Espíritu que sobrepasa la medida normal que se experimenta comúnmente en la oración. Es una gran bendición cuando el espíritu de oración descansa sobre nosotros. Nuestro corazón está especialmente sensible cuando la presencia del Espíritu descansa sobre nosotros para ungir y energizarnos en nuestras oraciones. Estos son momentos poderosos de participación con el Espíritu Santo en la oración.

Pablo nos dice que, a veces, el Espíritu nos rocía con suspiros y gemidos muy profundos como para expresarlos con palabras. Él da ímpetu a una carga de oración que se expresa a través de nosotros en forma de un esfuerzo que libera una medida mayor del poder de Dios. A través de estudios de otros y mi experiencia personal, he llegado a entender que los gemidos que son característicos de este tipo de esfuerzo no tienen palabras y se acompañan muchas veces de un llanto suave.

Algunos asumen que cuando el Espíritu se está moviendo suave o profundamente en su corazón, ellos deben obligarse a hablar más. Es mejor ir en dirección opuesta: acallar nuestro corazón y prestar atención a la dirección del Espíritu Santo.

Mis experiencias me han enseñado que la carga del Espíritu permanecerá más tiempo y se profundizará si nos entregamos al gemido y llanto suave yendo "internamente", concentrando nuestra atención en el Espíritu que mora en nosotros, en vez de ir "externamente" y articular nuestras oraciones en español de manera rápida y fuerte. He aprendido, a través de la experiencia, que ese esfuerzo es generalmente más silencioso que fuerte porque estamos interactuando profundamente con el Espíritu Santo.

La oración esforzada puede ser tan corta como quince minutos o podría durar más tiempo. De vez en cuando, he experimentado un gemir en el Espíritu que ha durado horas. No es algo que podamos imitar, iniciar o provocar por nuestro propio fervor. El esfuerzo es una obra soberana del Espíritu Santo, como lo es toda manifestación del espíritu de oración.

## ¿QUÉ PUEDO HACER?

Permita que el Espíritu lo lleve "internamente" a una oración profunda, esforzada, cuando surja la necesidad. Resista la tentación de ayudar al Espíritu. Vea cómo Él dirige su tiempo de esfuerzo en el Espíritu.

## PARA REFLEXIONAR

"Y de la misma manera, también el Espíritu nos ayuda en nuestra debilidad; porque no sabemos orar como debiéramos, pero el Espíritu mismo intercede por nosotros con gemidos indecibles" (Romanos 8:26, LBLA).

> *Señor, hazme crecer al punto donde sea sensible a tu Espíritu Santo. Cuando tú estés cargado, yo quiero sentir algunas de las cargas que tú sientes y que mi corazón interactúe con el tuyo.*

_____

_____

_____

_____

_____

_____

_____

_____

_____

_____

_____

_____

_____

_____

_____

_____

_____

_____

_____

_____

_____

_____

_____

_____

_____

_____

# Los tres modos de la oración

*El hombre que movilice a la iglesia cristiana para
orar habrá hecho la mayor contribución.*
—Andrew Murray

■Cuán glorioso y poderoso es cuando el Espíritu Santo libera
al espíritu de oración sobre y a través de nosotros! Vale la pena
dejar todo a un lado para seguir su dirección durante esos momentos especiales de la oración. Desafortunadamente, no todos nuestros
momentos de oración están llenos del espíritu de oración. Orar bajo
su influencia es solo uno de los tres modos distintos de orar que he
identificado. Uso la analogía de un buque de guerra antiguo, impulsado por filas de remeros y velas, para describir estos tres modos.

El primer modo de oración es como el buque de guerra en un
día tranquilo, con solo una leve brisa. La brisa leve ayuda un poco,
pero para poder progresar bastante, los remeros tienen que remar
duro. Este modo representa nuestros momentos normales de oración
diaria. Les ponemos esfuerzo, como lo hacen los remeros. Avanzamos, y estamos agradecidos por la brisa leve, pero requiere más
esfuerzo de parte nuestra para continuar orando y progresar.

El segundo modo de oración es como el buque de guerra en un día
con viento. Las velas del barco atrapan un viento fuerte mientras los
remeros reman. Repentinamente, el barco es empujado a alta velocidad sin mucho esfuerzo humano. Podría ir diez veces más rápido.
Este modo representa nuestros tiempos de oración bajo el espíritu de
oración. Quizá empecemos remando, pero repentinamente el viento
del Espíritu nos impulsa para que podamos progresar más ese día.

El tercer modo de oración es como el buque de guerra que enfrenta
un viento fuerte. Los remeros están remando tan fuertemente como
pueden, pero el barco está siendo empujado hacia atrás en lugar de
hacia adelante. Este modo representa los momentos de oración en

los que experimentemos una resistencia demoníaca intensificada. En estos tiempos los vientos fuertes, resistentes, de las tinieblas podrían atacar nuestra mente y corazón y hacernos sentir como si estuviéramos perdiendo terreno, sin importar cuán fuerte rememos. En realidad, no estamos perdiendo terreno porque es imposible orar en la voluntad de Dios y perder terreno.

En momentos de una oposición demoníaca intensificada, debemos perseverar confiadamente, sabiendo que Dios escucha nuestras oraciones ofrecidas en el nombre de Jesús y que su autoridad hace certero nuestro avance (vea 1 Juan 5:14). Satanás siempre tiene que huir cuando permanecemos confiados usando el nombre de Jesús en su contra.

He hallado que la mayor parte de mi vida de oración normal, diaria, sucede en el primer modo de oración, comparado con el buque en un día calmado, cuando se necesita que los remeros ejerzan esfuerzo en su remo para que podamos avanzar. Sin embargo, cuando menos lo espero, los "vientos" del Espíritu Santo me ayudan repentinamente en mi debilidad. Es algo glorioso que el Espíritu Santo sensibilice nuestro corazón cuando unge y energiza nuestras oraciones, permitiéndonos participar con Él en el cumplimiento de los planes y propósitos de Dios sobre la tierra.

## ¿QUÉ PUEDO HACER?

Sea sensible al Espíritu Santo, y al igual que un buen marinero, esté alerta de los cambios del viento según sea necesario. Si su corazón continúa interactuando con el Señor, usted desarrollará discernimiento espiritual.

## PARA REFLEXIONAR

"Y esta es la confianza que tenemos en él, que si pedimos alguna cosa conforme a su voluntad, él nos oye" (1 Juan 5:14).

*Señor, ya sea que esté enfrentando días de calma, de viento o de tormenta, estoy agradecido de tener una línea constante de vida que llega a ti a través de la oración.*

# El trono de Dios

*Antes de ofrecer una palabra de petición, deberíamos tener una*
*conciencia precisa de que estamos hablando con Dios y que debe-*
*mos creer que Él escucha y va a conceder lo que le pedimos.*
—R. A. TORREY

AUNQUE QUIZÁ NO siempre pensamos de esta manera, cuando oramos realmente nos presentamos ante el trono de Dios, un trono verdadero, con una persona verdadera sentada en él. Hebreos 4:16, dice: "Así que acerquémonos confiadamente al trono de la gracia para recibir misericordia y hallar la gracia que nos ayude en el momento que más la necesitemos" (NVI). ¡Qué privilegio tan maravilloso, que simples mortales puedan acercarse al trono del Eterno, quien gobierna el universo y espera para que pidamos ayuda!

Somos fortalecidos en nuestra vida de oración al aprender sobre Aquel a quien oramos, y eso incluye el lugar donde Él habita y el escenario majestuoso que lo rodea, porque revela su belleza de manera singular. Cuando entendemos el tipo de Dios que es, nuestra relación con Él se profundiza, nuestra mente se renueva por la verdad y la manera en que oramos cambia: la oración se vuelve más placentera y, por tanto, más sostenible.

Cuando oro, en vez de decir palabras al aire o de orar en una aspiradora mental, yo concentro mi atención en la descripción bíblica del trono de Dios como lo describió el apóstol Juan en Apocalipsis 4.

> He aquí, un trono establecido en el cielo, y en el trono, uno sentado. Y el aspecto del que estaba sentado era semejante a piedra de jaspe y de cornalina; y había alrededor del trono un arco iris, semejante en aspecto a la esmeralda. Y alrededor del trono había veinticuatro tronos; y vi sentados en los tronos a veinticuatro ancianos, vestidos de ropas blancas, con coronas de oro en sus cabezas. Y del trono salían relámpagos

y truenos y voces; y delante del trono ardían siete lámparas de fuego, las cuales son los siete espíritus de Dios. Y delante del trono había como un mar de vidrio semejante al cristal; y…alrededor del trono, cuatro seres vivientes…y no cesaban día y noche de decir: Santo, santo, santo es el Señor Dios Todopoderoso, el que era, el que es, y el que ha de venir".

—APOCALIPSIS 4:2-6, 8

Esta es la descripción bíblica más clara y detallada del trono de Dios. Escenas como esta en las Escrituras con un maravilloso regalo para el cuerpo de Cristo porque nos muestran lo que Dios quería que entendiéramos sobre su trono hermoso y majestuoso. Durante los próximos días, exploraremos la escena que rodea el trono del Padre, el lugar donde Él recibe nuestras oraciones.

Tener una imagen mental de lo que sucede alrededor del trono pude ser un recordatorio increíble de que el Padre y el Hijo nos escuchan desde su corte real; el centro gubernamental del universo y el lugar máximo de belleza.

## ¿QUÉ PUEDO HACER?

Lea Apocalipsis 4 e imagine la escena alrededor del trono de Dios. Visualice a Dios sobre su trono con Jesús, el Hijo, en su trono a la par de Dios, ambos inclinando sus oídos para escuchar sus oraciones.

## PARA REFLEXIONAR

"Así que acerquémonos confiadamente al trono de la gracia para recibir misericordia y hallar la gracia que nos ayude en el momento que más la necesitemos" (Hebreos 4:16, NVI).

*Señor, vengo confiadamente a tu trono. Ayúdame a estar consciente siempre de que no solo estoy hablando al aire. Estoy hablando con una persona real, a quien le encanta escuchar mis oraciones.*

_____

_____

_____

_____

_____

_____

_____

_____

_____

_____

_____

_____

_____

_____

_____

_____

_____

_____

_____

_____

_____

_____

_____

_____

_____

## Día 88

# Contemple la hermosura de Dios

*La oración es la circulación entre el alma y el cielo; Dios baja a nosotros por su Espíritu, y nosotros subimos a Él por la oración.*
—Thomas Watson

EL OBJETIVO DE la vida de David, desde su juventud hasta sus años de vejez, era encontrarse regularmente con la hermosura de Dios. Esto debería ser el propósito de nuestra vida también: interactuar en el ámbito de la hermosura de Dios durante toda nuestra vida. Y no hay mejor lugar para entender la belleza del Señor que el epicentro de toda hermosura: el trono de Dios.

Cuando hablaba de la generación cuando el Señor regrese, el profeta Isaías dijo: "Tus ojos verán al Rey en su hermosura" (Isaías 33:17). El Rey es Jesús, y la implicación de la profecía de Isaías es que su hermosura sería un énfasis particular del Espíritu Santo en la generación del retorno de Jesús.

Es relevante que justo después de la escena del trono en los capítulos 4 y 5, el libro de Apocalipsis prosiga a describir la presión y persecución intensas de la generación del tiempo final. En esto, Dios está preparando a su iglesia para las dinámicas que se desarrollan en el libro de Apocalipsis. Necesitaremos ver al Rey en su hermosura en una manera más dinámica para progresar en medio de lo negativo y positivo de la generación del último tiempo.

Mi oración por *IHOP-KC* [*International House of Prayer – Kansas City*] y el cuerpo de Cristo es el Salmo 45, donde el salmista dijo que su corazón estaba rebosando con un buen tema: la hermosura del Rey. Aunque podríamos perderlo de vista aquí y allá, ruego que realineemos constantemente nuestro corazón para rebosar en la realidad de la hermosura de Dios.

## ¿QUÉ PUEDO HACER?

*Contemplar* es ver o percibir. Mientras contemplamos la hermosura de Dios, nuestros ojos están abiertos a una realidad más profunda de lo que Dios es en nuestra vida y en la tierra. Pida a Dios que le dé un entendimiento más profundo de sí mismo y que haga que los demás vean la hermosura de Él en usted durante el desarrollo de sus actividades regulares.

## PARA REFLEXIONAR

"Una sola cosa le pido al Señor, y es lo único que persigo: habitar en la casa del Señor todos los días de mi vida, para contemplar la hermosura del Señor y recrearme en su templo" (Salmo 27:4, NTV).

> *Señor, abre los ojos de mi corazón para que contemple tu hermosura. Quiero permanecer confiado en ti aun cuando los problemas en mi vida se intensifiquen. Que nunca dude de tu bondad y de tu amor por mí.*

_____

_____

_____

_____

_____

_____

_____

_____

_____

_____

_____

# Día 89

## Dios es luz

*Yo sé que, cuando he orado sinceramente, he sido ampliamente
escuchado y que he obtenido más que aquello que pedí.
Sin duda, Dios a veces tardó, pero al final, llegó.*
—MARTÍN LUTERO

EN LA IMAGEN del trono de Dios de Apocalipsis 4, vemos la
hermosura de la persona de Dios: cómo se ve Dios. En el versículo 3, Juan dijo que Él, quien se sentaba en el trono, "era semejante
a piedra de jaspe y de cornalina; y había alrededor del trono un arco
iris, semejante en aspecto a la esmeralda". Juan nos da solamente
pistas de la apariencia de Dios, pero por este versículo vemos que el
color irradia de Dios.

El jaspe es como el brillo de los diamantes. ¿Puede imaginarlo?
Este esplendor, semejante al cristal, emana simplemente del ser de
Dios. El esplendor no solo lo rodea; emana de Él porque Él *es* luz.
Primera Timoteo 6:16 dice que Dios habita en una luz inasequible, y la razón por la que la luz de Dios es inasequible no se debe a
que Dios quiera marcar una distancia de nosotros. No es como si Él
dijera: "Yo soy magnífico y ustedes tan insignificantes, no quiero que
se me acerquen". Para nada.

Esta luz brillante, inasequible, es realmente una protección, porque
en nuestra humanidad, no tenemos la capacidad para soportar la
intensidad de la presencia pura de Dios. Solo cuando tengamos nuestro cuerpo resucitado podremos acercarnos a esa luz poderosa. Y, sin
embargo, aun los ángeles permanecen a distancia. Aquellos que están
más cerca de Él, los serafines, se cubren los ojos, cuando tienen un
vistazo de Él se vuelven a cubrir los ojos antes de tomarse un respiro
para volver a entrever. Esto sucede una y otra vez por la eternidad.
Aquellos más cercanos a su trono nunca se agotan de ver su hermosura.

Esto es a donde llegamos cuando nos acercamos a Dios en oración.

Este es a quien tenemos acceso; cuando estamos ante el trono hablando al corazón del Padre, este es Aquel a quien le hablamos, cantamos y oramos y adoramos; Aquel que está vestido de luz, cuyo esplendor deja a los seres celestiales asombrados. No podemos, en nuestra carne, contemplar tal gloria; sin embargo, este Dios maravilloso, vestido con honor y majestad, inclina su oído para escuchar nuestras oraciones. Una y otra vez, Dios cubre la distancia entre sí mismo y sus hijos, dándonos acceso a todo lo que Él es: su gloria hermosa, fascinante y aterradora.

## ¿QUÉ PUEDO HACER?

Cuando empiece su tiempo de oración, tome un momento para alinear su mente con la escena que rodea el trono. Contemple la hermosura de Dios y la luz que emana de su presencia. Permita que el percatarse de su gloria lo anime en la oración.

## PARA REFLEXIONAR

"En la hermosura de la gloria de tu magnificencia, y en tus hechos maravillosos meditaré" (Salmo 145:5).

> Señor, tú estás vestido en una luz demasiado maravillosa para que mis ojos la contemplen. Aun así, inclinas tu oído para escuchar mis oraciones (Salmo 116:2). Gracias por las obras extraordinarias que has hecho y sigues haciendo en mi vida.

———————————————————————————

———————————————————————————

———————————————————————————

———————————————————————————

———————————————————————————

———————————————————————————

## Día 90

# La pasión intensa de Dios

*La oración eficaz es la que logra lo que busca. La oración es*
*lo que mueve a Dios logrando llevar a cabo su propósito.*
—CHARLES G. FINNEY

DIOS ES HERMOSO en su apariencia, no solo en su carácter. El trono de Dios es el epicentro y la perfección de toda belleza. En Apocalipsis 4, Juan dijo que la apariencia de Dios es como una piedra de cornalina, la cual es una gema color rojo profundo.

Juan vio un esplendor rojo rubí, intenso, emanando del ser de Dios. Moisés vio esto y describió a Dios como un fuego consumidor. La cornalina refleja la pasión intensa del corazón de Dios. Nuestro Dios es fuego consumidor. Él es un Dios celoso. No es un celo humano, pecaminoso. No es un celo nacido de la debilidad o la escasez. Este celo es amor puro, intenso, sin egoísmo.

El rojo intenso que brota de su ser representa no solo cómo es Dios, sino también cómo es su corazón y lo que siente. Dios es celoso: Él está intensamente dedicado a su pueblo. No está desconectado de lo que sucede en los asuntos de la tierra o en nuestra vida personal. El esplendor de la cornalina, que emana de Él, expresa el deseo profundo de su corazón. En el centro medular de la personalidad de Dios hay un amor consumidor por su pueblo. Cuando usted entre a su presencia, visualice el rojo profundo de la cornalina y recuerde que así de intensamente le ama el Padre.

## ¿QUÉ PUEDO HACER?

Recuerde activamente del amor del Padre por usted. Haga una lista de las escrituras que hablan de la hermosura de Dios y de su amor por usted. Resuelva decir a Dios esas verdades regularmente con gratitud y afecto.

## PARA REFLEXIONAR

"Porque Jehová tu Dios es fuego consumidor, Dios celoso" (Deuteronomio 4:24).

> *Señor, me maravillo ante tu gran amor por mí. Tú prestas atención a todo lo que me sucede y estás preocupado por cada situación que enfrento. Elijo poner todo lo que me afecta sobre ti porque yo sé que tú cuidas de mí.*

## Día 91

# La misericordia de Dios

*Ataque el trono de la gracia y persevere en*
*ello, y la misericordia descenderá.*
—John Wesley

En el trono de Dios, Juan nos dice: "había un arco iris semejante a la esmeralda" (Apocalipsis 4:3). Este arco iris revela la manera en que Dios actúa.

Usted recordará que en Génesis 9 Dios puso un arco iris en las nubes como señal de su promesa de nunca volver a destruir la tierra con un diluvio. El arco iris que apareció en el cielo era un reflejo del arco iris que ha aparecido alrededor del trono desde la eternidad. Y es una declaración de la misericordia de Dios.

Salmo 145:9 dice que todo lo que Dios hace, lo hace con misericordia. Aunque Dios tiene poder total, Él lo expresa con ternura y misericordia. Aun sus juicios son misericordia y ternura, porque Él confronta las cosas que le impiden al amor quitar esos obstáculos del camino.

Qué realidad más extraordinaria. En el trono de Dios, su poder glorioso, su amor consumidor, y su misericordia tierna están todos unidos. La ferocidad del León y la ternura del Cordero se manifiestan en el trono del Padre. Esta imagen es un verdadero reflejo del corazón del Padre. ¿Puede ver esta bendición? ¡Este es el Dios a quien le hablamos cuando oramos!

## ¿QUÉ PUEDO HACER?

A veces, evitamos orar cuando sentimos que hemos pecado porque pensamos que Dios está enojado con nosotros. Cuando usted no dé la talla, imagine el arco iris esmeralda brotando del trono de Dios. Deje que le recuerde la tierna misericordia de Dios y que le provoque correr al trono del Señor en oración.

## PARA REFLEXIONAR

"Pero Dios, que es rico en misericordia, por su gran amor con que nos amó, aun estando nosotros muertos en pecados, nos dio vida juntamente con Cristo (por gracia sois salvos), y juntamente con él nos resucitó, y asimismo nos hizo sentar en los lugares celestiales con Cristo Jesús, para mostrar en los siglos venideros las abundantes riquezas de su gracia en su bondad para con nosotros en Cristo Jesús" (Efesios 2:4-7).

*Señor, debido a tu gran misericordia, tengo acceso a tu trono glorioso. Y aunque tú eres todopoderoso, el enojo no brota de tu ser. Más bien, veo tu amor apasionado y tu tierna misericordia en tu trono. Elijo acercarme a ti valientemente, aun cuando haya fallado, porque tú abundas en misericordia.*

## Día 92

# La belleza del pueblo de Dios

*No hay otra manera en que los cristianos, en una capacidad personal,*
*puedan hacer mucho para promover la obra de Dios y el creci-*
*miento del reino de Cristo como lo hacen a través de la oración.*
—Jonathan Edwards

La belleza de Dios también se manifiesta en su pueblo, y se nota en la exaltación de los santos cuando son entronados, investidos y coronados. En Apocalipsis 4:4, Juan escribió que "alrededor del trono había veinticuatro tronos; y vi sentados en los tronos a veinticuatro ancianos, vestidos de ropas blancas, con coronas de oro en sus cabezas". Algunos dicen que estos ancianos son ángeles, pero la mayoría de los comentadores bíblicos los ven como personas que han sido redimidas.

En esto vemos la dignidad y el valor de los redimidos. Dios limpia, perdona, equipa y exalta a sus antiguos enemigos tanto que ahora ellos están en tronos reinando con Él. Es casi inconcebible. Dios incluye seres humanos imperfectos en su círculo interno de gobierno para siempre. Los ángeles son gloriosos, pero ellos no están en el gobierno; ¡son siervos de los redimidos!

Cosas que ojo no vio, ni oído oyó; nunca ha pasado por su mente ni por la mía la plenitud de quienes somos en Cristo. Difícilmente tenemos alguna noción. Ni siquiera podemos imaginar la gloria de quienes somos. El diablo le dice que usted no vale nada, que es un fracaso, que su vida no tiene sentido. ¡Pero él es un mentiroso! Su vida tiene un valor indescriptible.

Dios coloca a los que fueron sus enemigos en los más altos lugares de gobierno. ¿Qué clase de rey haría eso? Históricamente, cuando los reyes capturaban a sus antiguos enemigos, los exiliaban o los encerraban en alguna parte porque su antiguo enemigo es una amenaza para su poder. Sin embargo, Dios dice: "los voy a poner en tronos". El mundo explota al débil, pero Dios exalta al débil. No hay nadie como nuestro Dios. ¡No hay absolutamente nadie como Él!

## ¿QUÉ PUEDO HACER?

Cuando ore, medite en cómo lo ve Dios: limpiado, perdonado, redimido, gobernando y reinando con Cristo. Visualice a los ancianos alrededor del trono y recuérdese a sí mismo que usted ora desde un lugar de autoridad y seguridad a través de Cristo.

## PARA REFLEXIONAR

"Cosas que ojo no vio,... son las que Dios ha preparado para los que le aman" (1 Corintios 2:9).

> *Señor, gracias por asociarte con tu pueblo para cumplir tu voluntad. Sé que tienes un propósito increíble para mi vida, y elijo unirme a ti en oración para que tus planes prevalezcan en la tierra.*

_____

_____

_____

_____

_____

_____

_____

_____

_____

_____

_____

## Día 93

# Investidos de justicia

*Nadie es un creyente más firme en el poder de la oración que*
*el diablo; no que él la practique, sino que sufre por ella.*
—GUY H. KING

LOS VEINTICUATRO ANCIANOS que Juan vio alrededor del trono de Dios estaban "vestidos de ropas blancas; con coronas de oro en sus cabezas" (Apocalipsis 4:4). Los lectores judíos asociarían inmediatamente estas ropas con el sacerdocio, ya que esa era una de las características principales del sacerdote.

Este versículo habla del ministerio sacerdotal de los santos. Aunque tendremos este ministerio en su totalidad en la era venidera, también lo tenemos ahora. Dios ha redimido a su pueblo, y nosotros revelamos a Dios al orden creado incluso ahora. Revelamos a Dios a los demás. Liberamos su poder y sus propósitos en la tierra. Dios podría mover su mano, como lo hizo en Génesis 1 y hacer que su voluntad se manifieste, pero él prefiere trabajar por medio de la gente. Y una manera en que Él obra a través de nosotros es por medio de la oración.

El mismo versículo en Apocalipsis 4 dice que los ancianos están coronados. Esto habla de las recompensas eternas. Dios recuerda y recompensa la multitud de hechos grandes y pequeños y la obediencia que desarrolló en su vida. En un periodo de setenta años, usted podría manejar un par de actos de obediencia grandes, pero casi todos nuestros actos de obediencia son muy, muy pequeños. Aun así, Dios se da cuenta de cada uno. Él recuerda cada taza de agua fría que le dio a alguien que tenía sed, cada necesidad que usted ayudó a suplir en maneras grandes o pequeñas. Dios recuerda y recompensa todo.

Las coronas que los ancianos portan son coronas de victoria, como la que uno recibe después de correr en una competencia. Sin embargo, como cristianos, no estamos compitiendo unos con otros. Estamos en una carrera para resistir a los poderes de las tinieblas que se oponen a que nosotros podamos entrar a nuestra plenitud. Amados, esta es su historia: ser entronado, investido y coronado para siempre.

## ¿QUÉ PUEDO HACER?

Pensamos en recibir recompensas por los actos de obediencia grandes, pero Dios honra hasta las cosas pequeñas, incluyendo: darle a alguien un vaso con agua fría (Mateo 10:42). Pida a Dios que le enseñe cómo revelar su bondad a alguien y darle honra a Él aun en la más pequeña de las maneras.

## PARA REFLEXIONAR

"Por lo demás, me está guardada la corona de justicia, la cual me dará el Señor, juez justo, en aquel día; y no sólo a mí, sino también a todos los que aman su venida" (2 Timoteo 4:8).

*Padre, me emociono al solo pensar en lo que me espera como hijo tuyo. Quiero honrarte siempre, aun en las cosas pequeñas. Así como los veinticuatro ancianos, me postro ante ti en adoración y amor profundo. Tú eres digno de toda mi alabanza.*

_____

_____

_____

_____

_____

_____

_____

_____

_____

_____

_____

# Día 94

# La hermosura del poder de Dios

*Quizá usted tenga que pasar horas arrodillado o postrado*
*ante el trono. No importa. Espere. Dios hará grandes cosas*
*para usted si lo espera. Ríndase a Él. Coopere con Él.*

—John Smith

En Apocalipsis 4:5, Juan vio truenos, relámpagos y voces que salían del trono de Dios. Esta es solamente una teoría personal, pero veo al relámpago como una demostración visual del poder de Dios manifestado a la tierra. Creo que en el cielo, cuando esta energía de Dios es liberada para tocar el mundo natural, hay una dimensión visual de ella alrededor del trono en forma de relámpago. Entonces, pienso que el relámpago es más que solo una demostración hermosa; creo que es un indicador de lo que el Padre está haciendo por medio del Espíritu.

Habacuc 3:4 dice que cuando el Mesías, Jesús, regrese de sus manos saldrán relámpagos. Creo que el mismo poder se manifestó durante el ministerio terrenal de Jesús, pero nadie pudo ver los relámpagos; vieron el cuerpo sanado o al endemoniado liberado. Sin embargo, en la era venidera verán al cuerpo siendo tocado y ¡verán el relámpago! Dios tiene abundancia de poder, y a Él le encanta la belleza y el esplendor del relámpago saliendo de su trono.

No solo hay relámpagos, también hay truenos. El trueno se menciona frecuentemente en la Biblia, y muchas veces está asociado con un mensaje particular que Dios da. Así que creo que el trueno representa a Dios diciendo: "Soy un Dios que se comunica. Les hablaré a ustedes y a través de ustedes, y retumbará en su ser como un trueno". Dios no va a permanecer escondido. Él no está desinteresado. Él no es un novio que se queda atrás y dice "Bueno, resuélvelo tú". Nuestro Dios compartirá sus secretos abiertamente. (Vea Salmo 25).

Finalmente, hay voces alrededor del trono de Dios: sonidos

variados, canciones y música (Apocalipsis 4:5; 8:5; 11:19; 16:18). Yo creo que los sonidos que emanan del trono de Dios serán sonidos majestuosos, gloriosamente aterradores, que están llenos de poder. Y luego, hay música y canto. A Dios se le describe en Sofonías 3:17 como cantando sobre su pueblo. David fue el gran salmista de Israel, pero él es solamente una imagen del David mayor, Jesús. Él es el máximo cantor sobre Israel. Jesús es el cantor, músico y escritor de canciones más grande que haya pasado por la tierra. Y las canciones que salen a lo largo del cielo van a llenar la tierra.

Vamos a vivir en este ámbito de belleza, pero no es solo por un tiempo futuro; podemos entreverlo incluso ahora. Que estos temas nos inspiren y energicen para tener la confianza para amar a Dios a medida que meditamos en ellos. Eso es lo que esta hermosa dimensión de Dios hace por nosotros.

## ¿QUÉ PUEDO HACER?

Empiece su tiempo de oración visualizando los relámpagos, truenos y voces alrededor del trono. Pida a Dios que se le revele a usted en una forma dinámica hoy.

## PARA REFLEXIONAR

"Su llegada es tan radiante como la salida del sol. Rayos de luz salen de sus manos donde se esconde su imponente poder." (Habacuc 3:4, NTV).

*Señor, tu poder emana de tu trono. Permite que también se manifieste en mi vida hoy y siempre.*

_____

_____

_____

_____

## Día 95

# La hermosura de la presencia de Dios

*Al que ora habitualmente (no solo cuando tiene ganas, esa es*
*una de las trampas de la religión, sino que también lo hace*
*cuando no lo desea) Cristo seguramente se hará realidad.*
—JAMES STEWART

LA HERMOSURA DE Dios se ve en la manera en que el Espíritu
imparte su presencia para fortalecer a su pueblo. Volviendo a
Apocalipsis 4, vemos:

> Delante del trono había siete antorchas con llamas encendi-
> das; esto es el Espíritu de Dios de siete aspectos. Delante del
> trono también había un mar de vidrio brillante, reluciente
> como el cristal. En el centro y alrededor del trono había
> cuatro seres vivientes,…El primero de esos seres vivientes era
> semejante a un león, el segundo era como un buey, el tercero
> tenía cara humana, y el cuarto era como un águila en vuelo.
> —APOCALIPSIS 4:5-7

Aquí vemos la descripción del ministerio del Espíritu Santo. Juan
tuvo cuidado al decir, en el versículo 5, que las siete lámparas de
fuego no eran lámparas ordinarias, sino que representaban al Espíritu Santo. Estos siete "Espíritus de Dios" son las manifestaciones
diversas, gloriosas, de la presencia del Espíritu Santo (Isaías 11:2;
Apocalipsis 1:4; 3:1; 5:6).

Frente al trono hay un mar de vidrio, como cristal. Luego, en
Apocalipsis 15:2, leemos que los santos se reunirán sobre un mar de
cristal como de vidrio en el fuego de Dios: "Vi delante de mí algo que
parecía un mar de cristal mezclado con fuego. Sobre este mar estaban de pie todos los que habían vencido a la bestia, a su estatua y al
número que representa su nombre. Todos tenían arpas que Dios les
había dado" (NTV).

Como este versículo dice "todos los que habían vencido", yo imagino que estamos sobre el mar de vidrio, quizá miles de millones de santos allí parados ante el trono de Dios, adorándolo. Y las siete lámparas de fuego representan el fuego de Dios: el Espíritu Santo, sobre el mar en medio de la adoración.

No creo que las lámparas sean pequeñas. Las visualizo como el pilar de fuego que aparecía en la noche cuando los israelitas estaban en el desierto. No creo que el pilar fuera una pequeña chispa, sino algo tan grande que las naciones paganas alrededor de ellos la veían y estaban aterrados de Israel. Las siete lámparas serán indudablemente mucho más magníficas en tamaño y esplendor que el pilar de fuego que acompañaba a los israelitas porque serán manifestaciones del Espíritu Santo cuando Él se mueva sobre el mar de los santos, en medio de la adoración.

El aposento alto en el Día de Pentecostés es solo un vistazo de la gran reunión de adoración que tendrá lugar alrededor del trono. Y eso es a lo que nos acercamos cuando vamos delante de Dios en oración.

## ¿QUÉ PUEDO HACER?

Lea el Salmo 103 como una oración. Invite al Espíritu Santo a habitar en medio de su adoración.

## PARA REFLEXIONAR

"y se les aparecieron lenguas repartidas, como de fuego, asentándose sobre cada uno de ellos. Y fueron todos llenos del Espíritu Santo, y comenzaron a hablar en otras lenguas, según el Espíritu les daba que hablasen" (Hechos 2:3-4).

*Señor, te pido una impartición fresca de tu Espíritu. Dame una muestra de lo que experimentaremos alrededor de tu trono.*

## Día 96

# Los que arden

*Donde haya mucha oración, habrá mucho del Espíritu; donde haya mucho del Espíritu, habrá oración creciente permanente.*
—ANDREW MURRAY

ALREDEDOR DEL TRONO había cuatro criaturas vivientes como un león, un becerro, un hombre y un águila. Estas cuatro criaturas vivientes son *serafines*, que significa "los que arden".

Aunque los cuatro seres vivientes realmente lucen como están descritos, creo que también son declaraciones proféticas de la manera en que los redimidos se relacionan con Dios y le sirven. Son un recordatorio de nuestro propósito como creyentes que estamos completamente vivos en el Espíritu Santo. Nuestra porción es movernos en el Espíritu Santo, así que vamos a tener el valor de un león feroz, como el de un guerrero intrépido; vamos a tener el espíritu servicial y confiable del buey; la dignidad del hombre, quien tiene el privilegio de relacionarse con la Trinidad; y la unción para volar como el águila a los ámbitos sobrenaturales gloriosos. El Espíritu Santo va a liberar todas estas dimensiones en medio del pueblo de Dios en el reino.

Estas criaturas vivientes son las que están más cerca del trono de Dios, y ellos ven un destello de la hermosura de Dios. Es tan abrumadora que se cubren los ojos con dos de sus seis alas y se inclinan y claman día y noche "Santo, santo, santo", que es lo mismo como decir: "Hermosura trascendente, hermosura trascendente, hermosura trascendente".

Las criaturas vivientes han estado alrededor del trono mucho más tiempo que la humanidad, y nunca se cansan de estar en la presencia de Dios. Es como si fueran una declaración profética de que la hermosura de Dios es inagotable. Nunca nos cansaremos de verlo. Nunca nos cansaremos de estar en su presencia.

## ¿QUÉ PUEDO HACER?

Empiece su tiempo de oración imaginándose en la escena del trono. El fuego del Espíritu se cierne sobre usted. Está viendo al Padre mientras Él emana el resplandor como de diamante de jaspe y la cornalina roja que señala el amor apasionado de Dios. El arco iris esmeralda sobre Él declara su misericordia. Hay un sinnúmero de ángeles en la atmósfera y los cuatro seres vivientes rodean el rostro del Padre diciendo: "Santo, santo, santo". Los veinticuatro ancianos se postran ante Él en profundo amor y adoración. Y usted está allí también, clamando, "Santo, santo, santo" con los santos en el mar de vidrio porque Él es digno.

## PARA REFLEXIONAR

"Y siempre que aquellos seres vivientes dan gloria y honra y acción de gracias al que está sentado en el trono, al que vive por los siglos de los siglos, los veinticuatro ancianos se postran delante del que está sentado en el trono, y adoran al que vive por los siglos de los siglos, y echan sus coronas delante del trono, diciendo: Señor, digno eres de recibir la gloria y la honra y el poder; porque tú creaste todas las cosas, y por tu voluntad existen y fueron creadas" (Apocalipsis 4:9-11).

> *Señor, mi corazón arde por ti. Me maravillo de tu hermosura trascendente. Con lo gloriosa y conmovedora que es la escena que rodea tu trono, no me apartaré de tu presencia. Me acercaré a ti y proclamaré tu amor en la tierra.*

_____

_____

_____

_____

_____

_____

# Luche por un tercer gran avivamiento

*Cada gran movimiento de Dios tiene su origen en una figura arrodillada.*
—D. L. MOODY

CREO QUE UN plan que Dios tiene en mente es enviar otro gran avivamiento a Estados Unidos y a las naciones de la tierra. Con base en mi estudio de las vidas de los evangelistas itinerantes, la actividad del Espíritu Santo en avivamientos anteriores y las promesas bíblicas relacionadas con los tiempos finales, estoy luchando en oración por un movimiento extraordinario de Dios. Tanto en el primero como en el segundo gran avivamiento en Estados Unidos en los siglos XVIII y XIX, cantidades masivas de personas vinieron al Señor como resultado de una medida inusual del poder de convicción al predicar la Palabra. Hemos visto la participación del espíritu de oración en la liberación de este poder.

Sin embargo, durante el siglo XX, no hubo un avivamiento así en Estados Unidos. Sí, hubo un mover del Espíritu Santo en la calle Azusa que llevó a los movimientos pentecostal y carismático, pero no hubo un derrame generalizado de la convicción del Espíritu Santo en la prédica de la Palabra ni grandes cantidades de nuevos convertidos que anduvieran en pureza y en el temor del Señor durante años.

Estoy agradecido con Dios por el Movimiento de Jesús en la década de 1970, cuando mucha gente joven nació de nuevo. Yo fui salvo durante ese tiempo (junio de 1971). Sin embargo, repito, en este movimiento no vimos el espíritu de convicción con el temor del Señor siendo derramado a lo largo de ciudades y regiones enteras.

Han pasado casi 150 años desde que nuestra nación vio un gran avivamiento. No obstante, un gran avivamiento viene nuevamente a los Estados Unidos, uno que superará por mucho los primeros dos e irá más allá de todo lo sucedido en la calle Azusa, en el Movimiento de Jesús, y como un resultado de los movimientos pentecostal, carismático y varios avivamientos regionales.

Estoy ansioso por un verdadero avivamiento, y nunca estaré satisfecho con menos de la medida completa de lo que Dios está dispuesto a dar. Se que muchos de quienes están leyendo este libro tienen la misma visión y anhelo. Continúe rogando a Dios en fe y con esperanza, entre en el espíritu de oración cuando venga sobre usted y entréguese a él completamente. Es bueno orar por su iglesia o seminario local, pero le animo a centrar su oración en algo más grande: un avivamiento para *toda su región* o por un tercer gran avivamiento en toda nuestra nación. Le aseguro que, en el proceso de respuesta a su "gran" oración, Dios no olvidará tocarnos a nosotros.

## ¿QUÉ PUEDO HACER?

Involúcrese en un ministerio en su iglesia para crecer en experiencia ministerial y cultivar la fidelidad que le prepara por el gran derramamiento que Dios traerá sobre toda la tierra.

## PARA REFLEXIONAR

"Por tanto, arrepiéntanse y conviértanse para que sean borrados sus pecados; de modo que de la presencia del Señor vengan tiempos de refrigerio" (Hechos 3:19, rva2015).

*Señor, estoy de acuerdo con mis hermanos y hermanas en Cristo para luchar por un gran derramamiento de tu Espíritu: un tercer gran avivamiento. ¡Avívanos de nuevo, Señor!*

_____

_____

_____

_____

_____

## Día 98

# La oración y la adoración están entretejidas en el plan de Dios

*Nunca ha habido un avivamiento espiritual en ningún país o localidad que no empiece con oración en unidad.*
—A. T. Pierson

EL Espíritu Santo quiere establecer en la iglesia una cultura de oración integrada con adoración. De hecho, Él está levantando actualmente el movimiento de oración y adoración más grande en la historia. ¿Por qué? Porque interactuar en adoración e intercesión es el medio principal por el cual Él libera su poder sobre la tierra en esta era y en la siguiente. Adorar e interceder están entre las pocas cosas que podemos hacer ahora y por siempre.

Orar y adorar siempre han estado en el núcleo del propósito de Dios. Vemos cuán primordial es en el gobierno de Dios: Él estableció adoración y oración veinticuatro horas al día, siete días a la semana, en su corte real donde reina sobre su trono soberano (Apocalipsis 4:8). La historia de la humanidad realmente empezó en una "reunión de oración" en el huerto del Edén cuando Adán caminaba con Dios diariamente en lo fresco del día (Génesis 3:8).

Israel, como nación, también empezó en una "reunión de oración" apasionada en el Monte Sinaí, que estuvo iluminada con el fuego de Dios, después de que el pueblo cruzó el mar Rojo. En ese tiempo Dios los llamó a ser un reino de sacerdotes (Éxodo 19:6-20). La primera tarea que Él le dio a Israel como nación bajo la dirección de Moisés fue construir un santuario de adoración, una casa de oración, en el desierto (Éxodo 25). Jesús mismo empezó públicamente su ministerio en una reunión de oración en el desierto (Mateo 4) y terminó en una reunión de oración en el huerto de Getsemaní (Mateo 26). La iglesia primitiva empezó en una reunión de oración en el Aposento

Alto cuando los seguidores de Jesús esperaban la "Promesa del Padre" (Hechos 1:4).

La historia natural, como la conocemos, terminará en el contexto de un movimiento de oración mundial. El conflicto al final de la era será entre dos casas de oración, dos movimientos de adoración: uno, adorando a Jesús y el otro, adorando al Anticristo.

Hoy día, el Espíritu Santo está levantando lo que se convertirá en el movimiento de adoración más poderoso de la historia.[5] Vencerá por completo al movimiento de adoración del tiempo final del Anticristo. En Apocalipsis 13, leemos sobre la adoración mundial del Anticristo que sucederá justo antes del retorno de Jesús.

La Escritura deja claro que la adoración y la intercesión son de gran valor para el Señor en el cielo, en la tierra en esta era, sobre la tierra en la era venidera.

## ¿QUÉ PUEDO HACER?

Si su iglesia todavía no programa reuniones de oración regulares, pregúntele al liderazgo si se podría planificar una reunión así en el mes siguiente. Está bien empezar con algo pequeño; solo empiece.

## PARA REFLEXIONAR

"Todos los reyes se postrarán delante de él; todas las naciones le servirán" (Salmo 72:11).

*Señor, haz de mi vida un encuentro de oración continuo ante ti, y trae a aquellos con un espíritu similar a mi camino para que juntos, unidos, podamos ver tu reino venir sobre la tierra.*

_____

_____

_____

_____

_____

## Día 99

# El llamado de Ana:
# Misionera intercesora

*Lo que la iglesia necesita hoy día no es más o mejor equipo, no son organizaciones nuevas ni más métodos nuevos, sino hombres a quienes el Espíritu Santo pueda usar: hombres de oración, poderosos en oración.*
—E. M. BOUNDS

ALGUNAS PERSONAS ME preguntan dónde encontrar misioneros intercesores en el Nuevo Testamento. Mi respuesta: ¿Dónde en el Nuevo Testamento encontramos líderes que *no* priorizaban la oración? Empezando con Jesús y los apóstoles, el Nuevo Testamento resalta muchos líderes que se entregaron a la oración de manera extravagante.

Uno de los ejemplos más poderosos en el Nuevo Testamento de una intercesora misionera es Ana, una viuda judía, anciana, que oraba en el templo día y noche antes del nacimiento de Jesús. Ella fue facultada por la gracia de Dios para pasar largas horas en su presencia durante muchos años (vea Lucas 2:36-38). Ana era una "vigilante" asignada al muro en Jerusalén. Vemos en ella una expresión de la profecía de Isaías: "todo el día y toda la noche" ella no calló jamás (Isaías 62:6). A través de Isaías, el Señor prometió poner intercesores para sus propósitos del tiempo final, y Ana era una muestra de lo que sucederá a través de las naciones durante la generación en la que el Señor regrese.

Ana es representante de los intercesores que con gracia soportarán largas horas de oración durante muchos años. Su llamado, lo que yo llamo "el llamado de Ana", trasciende el género y la edad. *Es para hombres y mujeres, jóvenes y viejos.* Cuando me refiero a un misionero intercesor que tiene el "llamado de Ana" específico, significa que él o ella tiene gracia para orar y ayunar mucho.

En esta hora precisamente, el Señor está atrayendo a aquellos con un corazón y un llamado como el de Ana para ocuparse a tiempo completo en la adoración y la oración. Él está personalmente asignándolos y colocándolos en sus lugares. El Señor está llamando a las "Ana" de la era moderna en las iglesias y las salas de oración alrededor del mundo, y debemos celebrarlos como un gran regalo al cuerpo de Cristo y al movimiento de oración, reconociéndolos y enviándolos para que obedezcan los mandatos que Dios les dio.

El mayor ministerio es hacer la voluntad de Dios, la que se nos haya asignado a cada uno de nosotros. En otras palabras, el ministerio más grande que usted puede tener es aquel al que Dios lo llamó. La presión de tratar de funcionar en el llamado de otra persona nos lleva a todo tipo de problemas, incluyendo el cansancio, la frustración y el desánimo. Así que le insto: no menosprecie su llamado, y no trate de imitar el ministerio de otra persona. Acepte su propio llamado individual, ya sea sirviendo a Dios a tiempo completo en los negocios, en su casa, escuela o vecindario; o en el movimiento de oración, pues es el mayor llamado para usted.

## ¿QUÉ DEBO HACER?

Pida a Dios que traiga a su vida a aquellos con el llamado de Ana, y formen un grupo para interceder. Aun si su reunión (física o telefónica) cuenta solo con dos o tres personas, ustedes lograrán mucho para el reino.

## PARA REFLEXIONAR

"Y nosotros persistiremos en la oración y en el ministerio de la palabra" (Hechos 6:4).

> Señor, preparo mi corazón para ser un vigilante del muro, un intercesor que está disponible para tu dirección, sintonizado a tu señal y dispuesto a obedecer tu llamado.

_____
_____
_____
_____
_____
_____
_____
_____
_____
_____
_____
_____
_____
_____
_____
_____
_____
_____
_____
_____
_____
_____
_____
_____
_____
_____
_____

## Día 100

# El juramento que cambió la historia

*Todos los grandes avivamientos han sido precedidos*
*y llevados a cabo por un trabajo de rodillas perseve-*
*rante, prevaleciente, en un rincón de oración.*
—SAMUEL BRENGLE

EL SALMO 132 registra un juramento del rey David que está en el centro de las misiones del tiempo final y del movimiento de oración. Lo llamo *"el juramento que cambió la historia"* debido a que muchos creyentes dedicados a lo largo de las épocas han aceptado su espíritu y se han propuesto vivir por él. El juramento es un compromiso para estar incondicionalmente en busca de la plenitud del propósito de Dios y la divulgación de su presencia.

"No entraré en la morada de mi casa, ni subiré sobre el lecho de mi estrado; no daré sueño a mis ojos, ni a mis párpados adormecimiento, hasta que halle lugar para Jehová, morada para el Fuerte de Jacob".... Levántate, oh Jehová, al lugar de tu reposo.

—SALMO 132:2-5, 8

El corazón de David estaba fascinado con algo más grande que su comodidad y promoción personal. Cuando era joven, él juró dedicar su vida a encontrar una "morada" para Dios. Ambas frases hablan de la misma realidad. En principio, "una morada" habla de un lugar (ciudad o región) donde el propósito de Dios se lleve a cabo en toda la extensión ordenada por Dios, en una generación específica y donde su presencia sea manifiesta sobre la tierra de manera que hasta los no creyentes puedan diferenciarla.

El juramento de David incluía establecer alabanza día y noche colocando cantores y músicos para acompañarlo en la lucha por la plenitud del propósito de Dios en su generación. El apóstol Pablo describió a David como una hombre que cumplía todo el propósito de Dios, haciendo la voluntad del Señor en su generación (Hechos 13:22, 36).

En un sentido espiritual, la iglesia sobre la tierra es el lugar donde habita Dios hoy día, y podemos luchar por una mayor liberación de su presencia ahora a través del cuerpo de Cristo en todo el mundo. Así, un "lugar para que el Señor habite" podría ser, en principio, descrito como una comunidad de creyentes que andan en el temor del Señor con el primer mandamiento en primer lugar en su vida y quienes obedecen con gratitud y humildad. Ellos verán demostraciones del poder de Dios con señales y maravillas para que muchos lleguen a conocer al Señor en una manera profunda y gloriosa.

Mantenerse fiel a su juramento provocó resentimiento sobre David. Se burlaban de él porque defendió valientemente lo que Dios quería fervientemente para su generación. Su familia y sus amigos hacían bromas de él debido a la intensidad con la que buscaba a Dios. Los líderes espirituales y políticos en su comunidad, aquellos que se sentaban a la puerta de la ciudad, hablaban en contra de David. Incluso los borrachos se burlaban de él con canciones que criticaban su celo por Dios.

Algunos creyentes sinceros dejaron de buscar celosamente a Dios por temor a recibir críticas de los demás. Ellos no podían soportar el resentimiento que viene como resultado de buscar diligentemente al Señor. Unos se alejaron por amor a la comodidad, querían que las cosas fuera más fáciles. Otros se fueron porque querían más dinero, buscar a Dios quitaba tiempo para ganar ingresos.

¿El juramento y la visión de David por una morada estimulan su corazón? Muchos creyentes dedicados, a lo largo de la historia de la iglesia, han aceptado el espíritu del juramento de David. A través de todas las épocas, el Señor ha levantado grupos que funcionan como un núcleo radical de creyentes santos que oran. Estos grupos podrían ser pequeños, como de cinco o diez personas, o grandes, como de varios cientos de personas. Indudablemente, hay muchos grupos como estos en su ciudad en varias iglesias con afiliaciones denominacionales distintas. ¡Con seguridad usted quiere ser parte de uno!

Descubra lo que Dios está haciendo en su generación y luego, entréguese completamente a ello. Tome la decisión de ser parte de un núcleo radical que no se detendrá hasta que se dé el cumplimiento total del propósito de Dios. Sea un evangelista o parte de una "compañía evangelística" que esté completamente dedicada a Jesús.

## ¿QUÉ PUEDO HACER?

Conviértase en una morada para el Señor. Declare su intención al Padre y alégrese a medida que Él prepara su lugar de descanso en su vida.

## PARA REFLEXIONAR

"En quien vosotros también sois juntamente edificados para morada de Dios en el Espíritu" (Efesios 2:22).

*Señor, haz de mi corazón una morada para tu Espíritu, y haz que mi iglesia sea un lugar de descanso para que tú puedas cumplir tu voluntad para nuestra comunidad.*

_____

_____

_____

_____

_____

_____

_____

_____

_____

_____

_____

# Notas

## DÍA 11

1. Como citado en el libro de Thomas Dubay, *Faith and Certitude* (San Francisco: Ignatius Press, 1985). Dubay cita una línea de uno de los personajes en la novela de Fyodor Dostoyevsky, *Los hermanos Karamazov*.

## DÍA 12

2. Está citado en el libro de Thomas Dubay, *The Evidential Power of Beauty: Science and Theology Meet* (San Francisco: Ignatius Press, 1999), 14. Dubay lo cita del Libro 1 de *Las confesiones de san Agustín*.

## DÍA 38

3. Basil Miller, *George Müller: Man of Faith and Miracles* (Minneapolis, MN: Bethany House Publishers, 1941), 146.

## DÍA 43

4. Goodreads.com, "John Calvin Quotes," accesado el 28 de julio de 2018, https://www.goodreads.com/author/quotes/30510. John_Calvin.

## DÍA 98

5. Vea Isaías 62:6–7; 24:14–16; 25:9; 26:8–9; 30:18–19; 42:10–13; Lucas 18:7–8; Apocalipsis 22:17; 5:8; 8:4.